川路利良
日本警察をつくった明治の巨人

加来耕三
歴史家・作家

807
中公新書ラクレ

はじめに

明治維新という変革は、このままでは日本は滅びてしまう、欧米列強の植民地にされてしまいかねない、といった渾身《こんしん》の危機意識の中から誕生した。

そして、七年後の明治七年（一八七四）一月十五日に、「東京警視庁」が創設される。

――ちょうど、百五十年が経過した。

「東京警視庁」は発足三年で内務省警視局に吸収され、「東京警視本署」と名を変えたが、今日の「警視庁」は、歴史と伝統の第一歩を「東京警視庁」に置いている。

その理由の最大のものは、それまでの日本になかった近代的な警察制度をほぼ独力で創り、今日なお〝日本警察の父〟と警察官から敬慕されている、川路利良《かわじとしよし》の存在であった。

本書は、幕末明治の動乱の時代、薩摩《さつま》藩の「卒族《そつぞく》」と呼ばれた下層から出て、一代で藩士となり、ついには人物を認められ、「東京警視庁」を創った川路の生涯を追ったものである。

時あたかも、「世界第三位の経済大国」と言われてきた日本の名目GDP（国内総生産）が、ドイツに抜かれて四位となる見通しが発表された。ＩＭＦ（国際通貨基金）は、このあと三年で日本はインドに抜かれて五位に下がると見ている。

経済規模が大きければ、その国の人々が幸せになるとは言えないが、日本の未来は極めて深刻な状況にあることは間違いないようだ。同じだったな、とふと思い浮かんだのが、「天保《てんぽう》」（一八三〇〜四四）という、幕末の入口に相当する時代であった。

幕藩体制は弛緩《しかん》し、事実上、経済はすでに破綻していた。夢も希望も抱《いだ》きにくいこの時代に、実は川路利良をはじめ、欧米列強による植民地化政策を逃《のが》れて、遅れていた日本に「明治」の時代を築く人々が輩出していた。

とくに天保十一年（一八四〇）、隣国であった清《しん》がイギリスとの阿片《アヘン》戦争を本格化させ、負けるはずのない大国が一島国に敗れて、南京《なんきん》条約を結ばされ（一八四二）、広州《こうしゅう》・福州《ふくしゅう》・厦門《アモイ》・寧波《ニンポー》・上海《シャンハイ》を開港し、香港《ホンコン》を割譲させられたほか、多額の賠償金の支払いを負わされた衝撃は大きかった。

日本の心ある人々は、「次は日本が狙われる」と怖気《おぞけ》をふるう。

悲嘆に暮れるか、傍観するか。大半の日本人が何もしない日常を送る中にあって、わずかな人々だけが、対外的危機意識を見据えて、自国独立の尊厳を守るべく立ち上がった。

その一人である川路は、パリ警視庁のポリスを模範とする警察機構を日本に築こうとした。ポリスとは終日、市中を巡回し、疾風豪雨の中にあっても毅然《きぜん》と街頭に立ちつづけ、国民の生命《いのち》・財産を守る人々のことをいった。

だが、新生日本＝明治の場合、誕生したばかりの国民は、いまだ〝近代〟の何たるかを知らなかった。そのため、ポリスは保護者でなければならない、と川路は主張した。

その表れが、

「声無キニ聞キ、形無キニ見ル」（『警察手眼』）

との姿勢であった。

ちなみに、この言葉は『礼記《らいき》』に出典があり、正確には「声無きに聴《き》き、形無きに視《み》る」（相手がいないところでも、常にその声を聞き、相手の姿が見えないところでも、その姿を見るかのようにする）——そもそもは、子の親につかえる道を説いた孔子《こうし》の言葉であった。

しかし、川路が創った東京警視庁、明治日本の警察機構は、前途多難でありつづけた。まず、国民がポリス＝警察官をこれまでに見たことがない。徳川時代には「御上《おかみ》の慈悲」は存在しても、与力《よりき》・同心《どうしん》・岡《おか》っ引《ぴき》などは今日のような民主的なものではなかった。

まったく知らないものを認知させるには、どれほどの労力が必要であったことか。

そのため、警察官一人ひとりに課せられた責務は、気が遠くなるほどに重く、厳しいものであった。その最たるものが、今日の警察官にも受け継がれている、

「国民の盾《たて》となって、死ね」

との、川路の叱咤激励《しったげきれい》であったろう。

また、国内には新政府に不平・不満を持つ反政府勢力が跋扈《ばっこ》している時代でもあった。警察機構を根付かせるためには、必然的に彼らと戦い、勝ち抜かねばならない。

その最大の敵こそが、川路の恩人であり、上司・大久保利通《おおくぼとしみち》の盟友でもあった西郷隆盛《さいごうたかもり》の率いる薩軍であった。倒さねば日本の明日はない。敗れれば〝ご一新〟は再び、幕末動乱期に逆戻りしかねなかった。一方、欧米列強は虎視眈々《こしたんたん》と日本を狙っていた。

先行き真っ暗な時世の中で、川路らはいかにして活力を蓄え、新しい時代を切り拓《ひら》いていったのであろうか。

「歴史は繰り返す。法則は不変である。それゆえに過去の記録はまた将来の予言となる」

（物理学者・寺田寅彦《とらひこ》著『科学と文学』）

川路の生涯を辿《たど》ることは、取りも直さず未来に対する新しい思考、方法を見つける、ヒン

トとなるのではないか。川路利良の評伝については、これまでに二度、上梓《じょうし》している。

この度は、幕末動乱から明治初頭にかけて、近代日本の警察が戦火を浴びながら誕生した経過を、有名・無名の人々にも光を当てつつ、コンパクトにまとめることを心がけた。

最後になりましたが、本書刊行に際して、執筆の機会を与えてくださった中央公論新社のラクレ編集部・山田有紀さんに心よりお礼を申し述べます。

令和六年一月吉日　東京・練馬の羽沢にて

加来耕三

目次

本文ＤＴＰ／今井明子

本書は『日本警察の父　川路大警視』（二〇〇四年二月刊・講談社+α文庫）を改題し、再編集したものです。

序章　幕末の動乱

与力・川路正之進

誕生まもない明治日本にあって、明治七年（一八七四）一月十五日、世界に冠たる警察機構「東京警視庁」の骨格を、ほぼ独力で創りあげた稀代の〝大警視〟川路利良《としよし》は、幕末動乱の中で西郷隆盛《さいごうたかもり》・大久保利通《おおくぼとしみち》に認められ、歴史の表舞台に登場する。

だが、そのほんの少し前、まさに大きく時代が転換しようとする歴史の回り舞台に、その他大勢の一人として登場していた。

ときは文久二年（一八六二）六月七日、勅使・大原重徳《しげとみ》（堂上公家）を擁して、西国最大の雄藩、薩摩七十七万八百石の〝国父〟（藩主の父・藩の最大の実力者）・島津久光《ひさみつ》が、一千余の武装藩兵を率いて江戸にやって来る。

その物々しい行列の中に、怒髪《どはつ》天を衝《つ》き、見上げるような巨漢が、兵具の満載された薩摩藩の荷駄を押していた。当時の川路正之進（二十九歳）である。

彼は車を押しながらも、腰に塗りのはげた大小を帯びていた。二本差しの足軽、軍属《ぐんぞく》などというものは、この世にはいない。このあたりにも、〝武〟を貴ぶ薩摩藩の不思議があった。

「わが先祖は隅州横川城主・北原伊勢守であり、その遠祖は大伴氏なり」

本人が言ったかどうか、川路の伝記にはそう出ているものがある。

けれども、明らかな出自となれば、世々薩摩藩の賤士《せんし》・与力の家としか言いようがなかった。与力は足軽より辛うじて上ではあったが、決して士分ではない。

川路の死後、五日目に出版届けの出された『大警視川路利良公之傳』（川村艶吉・編　文會堂《ぶんかいどう》）という小冊子には、

「鹿児島藩卒族の長子なり」

と明記されていた。卒族とは一般に、同心・足軽などの軽輩のことを指した。この身分については、役職と兼ねてこのあと詳しくみてみたい。

もとより、藩主に御目見《おめみえ》の資格などあろうはずはなかった。この階級からは、いかに英才が出ても藩政の要路に登用される、などということは皆無であった。要するに、〝国父〟久光あたりからみれば、地面をはう虫けらのようなものであったろう。

ちなみに、薩摩藩の階級は藩主が代をかさねるのに応じて、幾度か改変され、より強力に塗り固められた観があった。頂点に、藩主がいる。

次に重富《しげとみ》・加治木《かじき》・垂水《たるみず》・今和泉《いまいずみ》の四家が位置し、これを〝御一門家〟と称した。

久光が一時、継いでいたのはこのうちの「重富」であった。

この下が、一郷一村を所有し、一定の土地と士民を併せて管轄する一所持《いっしょもち》（計二十一家）。これと同格ながら、知行高のみ給される人々（五十四家）。

さらに寄合、寄合並がつづき、これらを一括りにして〝大身分《だいしんぶん》〟と称した。

大身分の下が小番――これは他藩における馬廻《うままわり》のことで、騎上の士のこと。ここまでを藩貴族＝上士と認知してよい。併せて、七百六十家。

小番の下に幕末、新番と呼ばれる階級が誕生したものの、これは一種の文武優等の選抜組であった（二十四家）。西郷隆盛や大久保利通は途中、この身分に引き上げられている。

下級藩士＝下士は、やはり御小姓与《おこしょうぐみ》であったろう。かつては大番とも呼ばれたが、藩士の数ではこれが一番多かった。三千九十四家。西郷や大久保たちが結成した精忠組《せいちゅうぐみ》（幕末の薩摩藩内に存在した組織）の多くは、この層の出身であった。

このほかに、外城《とじょう》郷士がいた。彼らは藩内百十三外城（薩州外城五十一ヵ所、隅州外城四十二ヵ所、日州諸県郡外城二十ヵ所）に土着し、田畑を耕しつつ、兵馬を練《ね》った。

郷士の位は御小姓与と同格という建前で、〝衆中《しゅちゅう》〟（仲間）などと呼ばれたが、城下士の御小姓与からは〝肥《こえ》たんご侍〟、〝田人吉《たじんきち》〟（田舎者）、〝一日兵児《ひてべこ》〟（一日は武士で一日は農夫）などと蔑まれ、郷士は城下士からつらい目にあわされることが多かったようだ。

むこうから来る郷士を、城下士が何の謂《いわ》れもなく襲い、担ぎ上げて川へほうり込んだ、という話は吐いて棄てるほどもあった。その一人が、中村半次郎（のちの桐野利秋《きりのとしあき》）であり、必殺の剣技をもつこの腕自慢も、城下士の謂れなき悪さには、なすすべがなかったようだ。

「郷士は辛かモンじゃった」

のちに、川路が「東京警視庁」を誕生させた頃、陸軍の近衛の中枢に登っていた桐野利秋は、しみじみ過去をふり返ったという。

蛇足ながら、この桐野こと中村半次郎がはじめて人がましく他国へ出たのは、川路と同じく久光上洛の一兵卒としてであった。川路は江戸まで往き、むなしく帰国したが、半次郎は京都で薩摩寄りの中川宮家の守衛を命じられ、そのまま在京。このあと〝人斬り半次郎〟として、世上の人々に恐れられることになる。

――それより、川路である。

「貧乏に負くるこっが恥でごわす」

彼は辛い郷士よりも、さらに一段低い階級＝卒族の与力に生まれていた。見あげれば雲の上といっていい、上士の階級までかけあがるには、翼でもないかぎり不可能であったろう。

川路は戦《いくさ》によって、翼は得られると考えていた。合戦となれば、平時の階級制は音を立てて崩れ、働きによっては一気に階層を飛び越えられる、と川路は信じていた。

ついでながら、与力のさらに下の足軽は小人などとも呼ばれ、常に雑用にかり出されて、飛脚のご用をつとめたかと思えば、盗賊の追尾、逮捕、護送までうけもたされた。与力も足軽同様の小役人の世界に沈湎《ちんめん》しつつ、同じような役割をになっていた形跡がある。

だからこそ、久光の上洛時、川路は荷駄を押していたわけだ。

本来なら刀を腰に差すこと自体許されなかったが、薩摩の風土と兵数を増やしたいとの意図から、目をつぶられての所業《ふるまい》となった。普段は棒切れを腰にできても、刀は身に帯びることはかなわない、それが川路の出自であった。

十六歳のおりの川路正之進は、鹿児島城の北三里（約十二キロメートル）、吉野村比志島《ひしじま》から連日、城の藩庁へ兵具方与力付として出仕のためかよっていた（十七歳からは城下の鷹師馬場＝現・鹿児島市薬師町）。

筆者も川路の生誕の地を訪れたことがあるが、純然たる農村の中で、その居住跡地は切り立った山腹を背に、ほんの申し訳程度の土地を残しているにすぎなかった。

とにかく、川路の姿は遠目にも一目でそれとしれるほど、粗末な服装《なり》であったらしい。

家が貧しすぎた。卒族には所領も年俸もない。年にわずかばかりの賃銀が支給されたが、それは一つの家族がまともに暮らしていけるものではなかった。

川路は昼を抜くこともめずらしくなかったが、どういうわけか逆の逸話が後世に残った。

少年の頃、大隅国日当山《おおすみのくにひなたやま》温泉へ遊び友達と遊浴にいくことになったおり、川路は母に頼んだという。

「何卒、一升大飯を炊いて下さい」

弁当の分も含めてだろうと思い、母が一升を炊くと、川路はそれらをぺろりと平らげ、

「何《なん》、面倒臭いで、昼飯の分も一緒に腹に納めていき申す」

といったというのだ。

負けず嫌いの川路は、滅多に口を利かぬ子供であったようだ。だが、ひとたび口を開けば、徹頭徹尾、自己主張を押し通さねば気のすまない性質であったとも。

「奇抜、群児に異なり――」

と前出の『大警視川路利良公之傳』にあった。

川路は剣を学び、経書に親しみ、生活のための内職、百姓仕事、雑用などにも打ち込んだ（嘉永三年＝一八五〇年より、城下へ転居している）。

その精気といい、弁才、武辺の志をとっても、なるほど川路は屈強漢《ボッケモン》であったといえる。

だが、もし、この男が薩摩以外の、何処かの土地で生まれていたならば、いかに時勢が騒然となり、三百諸侯の藩内がゆらいでいたとしても、彼は栄達への野心＝志を顕示《あらわ》すどころか、その手段すらももちえず、跼天蹐地《きょくてんせきち》の中で生涯を名もなく送ったにちがいない。

服装がいい例であろう。江戸や大坂・京都では、まず人の扱いをうけるのは難しかったが、この薩南の国では格別であった。江戸では十人に一人が武士であり、大坂では二百人に一人が武士であった時代、薩摩は五人に一人が武士の恰好《かっこう》をしていた。しかも大半の藩士、郷士はまずしく、服装で人物をとやかくいう風潮は生まれようがなかった。

「貧乏が恥ではなか、貧乏に負くるこっが恥でごわす」

この点、薩摩の教育は徹底していた。外見ではない。

いかに心が爽《さわ》やかであるか、と内面を問うた。人間、要は中身であるというのだ。

迂闊《うかつ》な久光と動乱の発火点

今のところ、路傍の人にすぎない川路はさて置き、主筋《あるじすじ》の久光の行動を見ておきたい。

多くの史家は、久光上洛の九年前、嘉永六年（一八五三）六月のペリー来航。あるいは、二年前の安政七年（万延《まんえん》元年＝一八六〇）三月の大老・井伊直弼《いいなおすけ》の暗殺などに目を奪われ、往々にして見落としがちとなるのだが、川路の参加した文久二年の久光の一挙は、実質、徳川幕府を瓦解《がかい》させる致命的な痛撃となった。

ところが滑稽なことに、久光もその上洛を企てた大久保一蔵《いちぞう》（のち利通）も、ことの重大さに気がついていなかったのは、迂闊としかいいようがない。

少し冷静に考えれば、この上洛ほど江戸時代を通じて、凄まじいものはなかったろう。なにしろ、当の島津久光という人には、大名行列を組んで――まして武装して――江戸へむかう、法的根拠がなかったのであるから。この年四十六歳になる、頑強で保守色の強い久光は、そもそも大名ではなく、官位すらもらっていなかった。

身分は亡き薩摩藩二十八代藩主・島津斉彬《なりあきら》の異母弟。つい最近までは、島津の分家・大隅国重富一万四千石を領していた小名にすぎない。兄の死後、宗家に戻り、目下は現藩主（二十九代）の、茂久《しげひさ》（のち忠義）の実父、後見であるということのみを拠り所としていた。

そうした人物が、政府である幕府に無断で、国法である「武家諸法度」で禁じられている朝廷と堂々の交渉をもち、官位奉戴を働きかけ、あげくには朝廷の権威を笠に着て、幕府の本拠地・江戸まで武装の藩兵を率いて乗り込んできたのである。

幕府はその無体（無理・無法・乱暴）を、実力をもって断固、阻止すべきであった。が、ときの幕閣はこの薩摩兵団の行動を、戦火に訴えて叩きかえすことができなかった。

幕末の混迷する政局を、幕権強化で一気に乗り切ろうと考えた大老・井伊直弼は、水戸と薩摩の過激派浪士に討たれ、後任の老中首座・安藤信正も再び浪士団に襲撃されて傷を負い、弱気になった幕閣は、諸国の大名に号令を発し、街道を扼《やく》して久光の行列を止め、戦火に訴えて薩南の僻地《へきち》へ叩きかえすだけの気力と実行力を喪失していた。

ところが久光の迂闊さは、自身、朝廷を担《かつ》いでこれだけのことをしでかしておきながら、その実、討幕をおこなう意志を、微塵ももっていなかったところにも明らかであった。

この〝国父〟は、大老井伊に咎められ、〝安政の大獄〟という政治疑獄・大弾圧の嵐の中、蟄居《ちっきょ》・謹慎中の一橋慶喜を、同様に隠居させられ閉塞している越前福井藩前藩主・松平春獄《しゅんがく》（慶永《よしなが》）とともに返り咲かせ、幕政に参画させて、それを嚆矢《こうし》に外様《とざま》雄藩の発言力をも幕閣に認めさせれば、ぐらつく幕府の屋台骨は補強、再建できると心底、思い込んでいた。

ところが、史実はここから幕府の瓦解は始まったのである。

そもそも、このおりの久光の大それた上洛＝幕政改革の青写真は、彼の今は亡き異母兄の斉彬が構想したものであった。

この島津斉彬という人は、久光とおおよそ正反対の、先取の気性にすぐれ、外交感覚、政治手腕をもち、幕末屈指の名君であり、時代に隔絶した頭脳を持っていた。

数年後に討幕をやってのける西郷吉之助《きちのすけ》（のち隆盛）は、斉彬の藩主時代に抜擢され、この殿様の薫陶を受けた者であった。

斉彬の凄味は、巧緻な根回しを広く、徹底することと、機をあやまたずにすべてを天にまかせ、一か八かの賽《さい》でもころがすように、何もかもを投入する潔《いさぎよ》さにあったといってよい。

けれども斉彬は、安政五年（一八五八）七月十六日に急逝してしまう。享年五十。彼は藩を挙げての武装上洛を計画しており、その死は直後から、毒殺とうわさされた。

すべてのことの発端は、アメリカ合衆国の東インド艦隊司令長官マスュー・カルブレイス・ペリーが、四隻の黒船を率いて浦賀に来航し、日本に開国を執拗《しつよう》に迫ったあげく、返答を来年春に受け取りにくる、と一方的に予告して去った事件にあった。否、正確にはその直後に、十二代将軍・徳川家慶《いえよし》を失ってしまったことの方が、大きかったかと思われる。

なにしろ家慶は、将軍としてとりかえしのつかない過《あやま》ちを犯していた。後継の将軍に家祥《いえさち》を指名したのである。家祥は幼少時に重い疱瘡《ほうそう》を患い、満面に痘痕《とうこん》が広がって、それに癇癖《かんぺき》性《しょう》が加わり、病弱であったばかりか絶えず身体を小刻みに震わせ、人に会うのも極力嫌うといった、陰気な性格に育っていた。知能も小児同然と、かげ口をする者も後を絶たない。

しかも彼は三十歳前にして、子がなかった。泰平の世の将軍ならいざ知らず、〝内憂外患〟の難局を乗り切れるだけの力量を、この人物はまったく持っていなかった。

家祥改め、十三代将軍となった家定《いえさだ》は、いきなり植民地争奪戦に明け暮れる、十九世紀後半の国際社会に投げ込まれたに等しい。すべての人々の関心は、次の将軍にむけられた。

十四代の候補は二人――水戸藩主・徳川斉昭《なりあき》の子で、将軍家の家族＝御三卿の一《いっ》・一橋家を継いだ一橋慶喜《よしのぶ》。いま一人が、紀州和歌山藩主・徳川慶福《よしとみ》であった。

御三家（水戸徳川家）や御家門（越前福井藩）、外様雄藩（薩摩・伊予宇和島・土佐など）に加えて、幕閣内の開明派官僚も多数が、英才の誉れ高い慶喜に次期将軍を期待した。

しかし、譜代大名や大奥は慶福を支持、大勢はかならずしも慶喜有利には動かなかった。

双方の暗闘がつづく中、本来なら将軍の一言で決すべきペリー来航後の外交問題は、事実上の将軍不在のため、広く諸大名に意見を求める異例の方針を採《と》ることとなる。

ときの老中首座・阿部正弘は、尊王攘夷の総本山ともいうべき水戸学のメッカ＝徳川斉昭を取り込み、外様大名とも盟約を結んで、さらには保守勢力の不平・不満をかわすべく、下総佐倉藩主・堀田正睦《ほったまさよし》を老中に再任し、ついには首座を彼に譲って、次期将軍・慶喜を実現し、実に難しい政局の舵取《かじとり》を懸命にとろうとした。

だが、肝心の阿部は過労で倒れて病没（享年三十九）。あとには切迫した難問が、山積みされたまま残った。そして安政五年（一八五八）四月二十三日、突如、譜代の大物＝近江彦根藩主・井伊直弼が「大老」に任じられる。ときに、井伊は四十四歳。代々の格式により江戸城溜間《たまりのま》詰め上席として、それ以前から、その存在が注目されていた。その井伊が南紀派を代表して大老となり、まず着手したのが、日米修好通商条約の調印問題であった。

十四代将軍決定と島津斉彬の挙兵計画

ペリー来航によって交わされた日米和親条約に基づき、来日したアメリカ駐日総領事のタウンゼント・ハリスは、通商による開国を幕府へ迫り、条約調印については、安政五年七月二十七日をもって批准《ひじゅん》する、との確約を得ていた。

ところが、これに島津斉彬や越前福井藩主・松平慶永ら一橋派はこぞって反対を表明。天皇の勅許なく、そのような条約は結べない、と主張した。京都では国学、水戸学に影響をうけた志士たちが、勤王の水戸藩へ攘夷の密勅《みっちょく》を下すべく運動を開始。条約問題の早期解決は、幕閣の急務となっていた。

当初、井伊も勅許なくしては調印は不可、との認識に立っていたようだが、調印に反対の朝廷の意志も、

「国体を汚《けが》さぬように――」

との趣旨である、との解釈が幕閣の大勢を占めたこともあり、安政五年六月十九日、日米修好通商条約十四ヵ条は、アメリカ軍艦ポーハタン号の艦上で調印された。

が、これは違勅《いちょく》調印であるとして、反対派＝一橋派による大老井伊攻撃の、絶好の口実を与えることになる。徳川斉昭や松平慶永、そして宇和島藩主・伊達宗城《だてむねなり》らは、直接、直弼に面会し、あるいは書簡を送って、違勅調印を激しく詰問した。

一橋派の人々は、将軍継嗣問題で南紀派が譲歩する（一橋慶喜に決する）のであれば、違勅調印の件に関しては容認してもよい、との政治的取引の意向もあったようだ。

だが、幕府は日米修好通商条約を調印後、同二十五日には、紀州の徳川慶福を将軍後継者とする旨を発表した。ここに、十四代将軍（慶福＝家茂《いえもち》）が事実上、決定したわけである。

けれども、ここにそのことを認めず、非常の決意をもって、局面を一新すべく立ちあがった人物がいた。島津斉彬である。この英主はこうなる以前に、己れの養女・篤姫《あつひめ》を関白近衛家をとおして将軍家定の正室に送り込み、大奥に蔓延《まんえん》している徳川斉昭に対する嫌悪感を和

らげ、阿部正弘を失ってからは、自ら武装兵団を率いて東上し、大老井伊と直接対決してこれを屠《ほふ》り、将軍後継の決定を実力でくつがえそうと考えた。

——その出撃直前に、斉彬は急死してしまったのである。

そしてこの偉大な異母兄の壮大な計画を、改めて代行しようと志したのが久光であった。

しかしながら、斉彬が企図したときからすでに三年が経過していた。

慶喜が就《つ》くべきはずの十四代将軍の座には、すでに家茂がおさまっており、その将軍決定を主導した大老井伊の〝安政の大獄〟は、根こそぎ反幕・勤王の要人、関係者を処罰し、世間の人々に初めて、憎しみからの反幕府思想を植えつけることになった。

ここでさらなる恐怖政治がまかり通れば、当面、幕府は安泰であったかもしれないが、当の井伊が暗殺されたことにより、幕府の権威は一気に失墜してしまったのである。

久光は入府したものの、一橋慶喜と松平春嶽を幕閣に参与させることしか具体策を持っていなかった。そのため久光のありがた迷惑は、幕府をより一層迷走させることになる。

当然であった。これまでの幕府の歴史には、外様大名の圧力に屈して、朝廷の命で幕閣人事をおこなった、などの例はなかった。ひと度こうした事態がまかりとおれば、同様のことが日常化されかねない。久光の要望は、つまるところ将軍後見職に慶喜、大老に松平春嶽を充《あ》てよ、との談判になったが、幕府は後見職を不要と表明し、春嶽をかつては徳川斉昭を任じたこともある相談役（実権のない名誉職）＝「参与」程度にとどめる作戦に出た。

幕閣も、久光も、ねばりにねばった。久光の謀臣・大久保一蔵は、勅使の大原重徳を幾度となく江戸城へ登らせて、ようやく春嶽の大老就任を勝ち取る

しかし、これは越前福井藩から、御家門が譜代の役をつとめるのは不都合との意見が出され、「政事総裁職」というポストを新設して、これに就くことで決着した。

――争点は、慶喜の将軍後見職への就任に絞られた。

「将軍後見職」の矛盾

将軍家茂を戴く幕閣は、南紀派の流れといってよかった。

世上、救国の主のごとく喧伝される慶喜が、万が一にも後見職に就任すれば、かつて大老井伊や老中をすら屈伏させた雄弁により、年少の将軍を抑え込んで、幕政を壟断《ろうだん》しかねない、との危惧が強かっただけに、容易には受け入れを認めなかったのだが、

「これでは埒《らち》があかぬ」

とみたのは、武装上洛した島津久光の側近・大久保一蔵であった。

大久保は勅使・大原重徳の名を騙《かた》って、老中の板倉勝静《いたくらかつきよ》と脇坂安宅《わきさかやすなり》を呼び寄せると、
「もし、これ以上、老中が慶喜公の登用を拒めば〝天誅〟を加える所存だ」
と脅しつけた。この薩摩藩の、本来であれば目通りもかなわない身分の、無礼非常な強談《こわだん》判《ぱん》に、老中はついに受け入れを承諾。ここに政事総裁職・松平春嶽、将軍後見職・一橋慶喜が誕生した。幕府の新人事は、文字通り天下を狂喜させたといってよい。

この二人が登場したことで、迫りくる欧米列強の圧力のもと、日本は危うく滅亡せんとする淵から救われて再生する、と朝廷も諸侯も、草奔《そうもう》の志士たちでさえもが心からそう信じていた。単純といって、これほど無責任な思い込みもあるまい。確かに一見、二人は幕府権力を掌握したかに見える。だが、その実体はむしろ逆であった。

「大体あの節の後見・総裁といふものは、唯の大老でもなければ何でもない。さう考へなければ能《よ》く分らない」(『昔夢会筆記《せきむかいひっき》』)――のちに、慶喜は回想している。

幕閣は両者を祭り上げて、旧来の老中や若年寄、大目付、三奉行らでことごとくを協議し、一致をみたことだけ〝ご相談〟の体裁をもって、同意を得るべく慶喜や春嶽の許に伺《うかが》った。

大勢はすでに決しており、それをいまさら変更することはできない。

もちろん、天下の輿望《よぼう》を担う二人である。朝廷の威を借りれば、いくらかでも無理はとお

ったであろうが、それはとりもなおさず幕府の権力失墜に繋《つな》がった。

見方をかえれば、二人の存在自体が、弱体化した幕府の象徴であったわけだ。

島津久光はおそらく薩摩藩における己れの立場を、幕府内における慶喜や春嶽に置き換えたつもりでいたのだろうが、薩摩藩のごとく命令一下、有無をいわずに邁進《まいしん》する風土は、巨体の幕府にはもとよりあり得ないことであった。

「余が将軍であったならば、あるいは……」

ことごとに老中と対立するにつけ、慶喜は無念に思ったであろう。

無念といえば、質は著しく落ちるが、久光の武装上洛で途中、幕府と一戦し、戦火の中で功名をあげ、出世の糸口を摑もうと懸命に念じていた川路正之進も、当てが外れてわが身の不運を嘆いていた。彼の落胆は、二十九歳という年齢から来ていたのかもしれない。

大久保一蔵はこの年、三十三歳。その盟友として、事前の根回しにあたりながら、島送りとなる西郷吉之助は、三歳上の三十六であった。

二人は下級藩士を中心に、四十余名で「精忠組」という集団を結成していた（一説に百名とも）。一時は藩から、不穏分子とも目されたが、斉彬時代にその手先となって諸国を周旋した実績と絶大な人望をもつ西郷、久光への接近工作が功を奏した大久保の活躍などで、精忠組のメンバーは巧みに藩政の中枢へ進出中であった。

（できることなら、おいも精忠組に……）

川路は内心で叫び出したくなる衝動を、上洛の途中、幾度も堪えに堪えた。

が、同世代である川路は、この若手の下級藩士が参加する集団に、入会する資格さえなかったのである。一言でいえば、身分が低すぎたのだ。

屈強漢《ボッケモン》精神と川路が身につけた兵法

そのことを承知のうえで、どうしてもここで、薩摩藩独特の郷中《ごじゅう》制度についてふれねばならない。実はこの制度、明治日本がもつことになる警察機構「東京警視庁」を考えるうえでも、抜き差しならないものを内蔵していた。

この制度は、武勇を何よりも尊ぶ薩摩藩が、泰平の時代となって〝武〟の衰えるのを目《ま》のあたりにして、これではいかぬ、と藩を挙げて奨励した青少年教育の制度を指した。

「泣こかい、飛ぼかい、泣こよかひっ飛べ！」

このよく使われた薩摩の諺《ことわざ》は、まさに郷中制度の成果を述べていた。

郷の衆中（仲間）＝郷中は、地域別＝「方限《ほうぎり》」に「郷」を置き、青少年の自治・修養組織を編成、相互に切磋琢磨《せっさたくま》させる仕組みになっており、これはそのまま藩の行政・軍事の末端の単位ともなっていた。

島津斉彬が武装上洛を計画した頃、城下の各方限で六組の備組《そなえぐみ》（大隊）を編成、兵力一万人を擁していた。また、地方では東目《ひがしめ》七組、西目七組で約一万二千人の軍制＝備立《そなえだて》を完了している。川路が腰に刀を差せたのも、この軍制のおかげであった。長期の上洛にあって、一人でも兵力のほしい薩摩藩では、卒族の与力にも士族並の帯刀を許していたのである。

幕末、薩摩には二十三の郷中があり、川路は最初、日置郡の郷中に組み込まれていた。

この制度の特徴は、文武の精度を争うのではなく、潔さと勇敢さ、弱者へのいたわりといった寛容を、身をもって知らしめ養うところに目的があり、学問よりもこの三つが薩摩藩では何よりも尊ばれた。したがって、臆病を最も卑しみ嫌忌《けんき》するのも、郷中の大きな特徴であり、逆に弱者へのいたわりのないものは仲間うちでも軽蔑された。

心の爽《さわ》やかさ、寛容さを身につけるために、郷中では勇猛心、克己心を求めて、喧嘩をすら公認している。親・兄弟たちが自身の子弟たちに、殴り合いをやらせた。主眼は、勝ち負けではない。弱い者、年少な者でも、懸命に捨て身となって強者・年長者に立ち向かっていくところに、喧嘩の意義があった。

無論、強者は弱者を労わらねばならない。また、殴り合った後は怨恨を残してはならないし、勝っても負けても相手を賞賛し合うのがルールであった。

加えて薩摩藩には、他藩にない独自の剣法・示現流《じげんりゅう》（あるいは分派の野太刀自顕《じげん》流＝薬丸示現流とも）が士族教育にもちいられていた。稽古には面籠手《めんこて》を着用せず、樫より堅い柞《ゆす》の木ぎれをもって地上六尺の立木を打つ。一の太刀で勝ちを決し、二の太刀を頼まない。

走りながら一の太刀を放ち、外《はず》されれば「ただ死ぬだけよ」と、潔く覚悟を決めた。維新前夜、さしもの武闘集団の新撰組も、この薩摩必殺の剣法には閉口し、局長の近藤勇は、

「薩摩の一の太刀ははずせ」

と指導したほどであった。

なんとも凄まじい剣法だが、薩摩藩では郷中制度にこの示現流の修行を組み込み、少年時代から心身の剛毅《ごうき》を育《はぐく》んだ。戦国武者の勇猛心を思い出させ、将来に期すべき教育行政として、代々、研《みが》き積みかさねてきた。

正之進時代の川路には、身分柄、下士や郷士が大勢を占めた薬丸示現流の稽古が課せられていたかと思われるが、一方で長沼流軍学の師範家・坂口源七兵衛について、真（神）影流剣術を学んだ、との伝承もあった。

示現流一色の土地柄から、川路だけがそのようなことはあり得ない、と述べる史家、研究者は多いが、筆者《わたし》は一考の余地があるように思う。その根拠はなにか、と問われれば、こののち立身していく川路のスタート時点がひっかかったことがあげられる。

このたくましい屈強漢は、久光の武装上洛から二年後、元治元年（一八六四）七月の禁門の変に従軍し、見事、武功を輝かせて出世の糸口をつかむのだが、川路はこの時、たかが一兵卒でありながら戦局の全体を見渡していた。

『忠正公勤王事績《ちゅうせいこうきんのうじせき》』に拠ると、川路は殺到してくる長州勢を見て、その中で先頭を馬で進み、目ざましい働きをしている来島又兵衛《きじままたべえ》（四十九歳）に注目。その武者ぶりに、

「あん大将ば倒せば、こん戦さは勝ちじゃ」

判断するや、そばにいた銃士に狙いをつけさせ、来島の脇腹を射とめさせた。即死にひとしい来島の重傷に、長州勢は動きを止め、敗走の切っ掛けを作ってしまう。

川路は並の、薩摩の一兵卒ではなかったことが知れよう。

示現流の剣は、一刀必殺の殺気を太刀に乗せ、一度の袈裟《けさ》斬りにすべてを懸ける剣法である。一日に立木打ち（一人稽古）で「朝《あした》に三千、夕《ゆうべ》に八千」の打ち込みをするこの流儀の、太刀筋の速さについていける剣門流派は、さほどにはなかったであろう。

当然、〝死合《しあい》〟——目の前の敵との闘いを想定しており、周囲への目配りは別として、局面の全体を見通す軍略兵法とは別質のものであった。

幕末、郷中制度の徹底により、示現流の達人が薩摩藩からは群がり出たが、そろって彼らは政局を読むということが苦手であった。政略・戦略には疎かった。のちのちのことを思えば、川路は政略・戦略を身につけていたといえるのだが、彼の活躍した禁門の変を見る前に、もう少し、日本の警察機構——のみならず、明治の日本に多大の影響を与えた郷中制度について見ておきたい。

「二才」と「稚児」と「いろは歌」

薩摩藩の郷中制度は、元服前の幼・少年「稚児《ちご》」——最年少の五、六歳から十歳までの「小稚児《こちご》」と、十一歳から十四歳までの「長稚児《おせちご》」——に適用された。

また、彼らはその後も、「二才《にせ》」（元服以後、二十四、五歳までの妻帯以前の青年）として、年下の「稚児」の教導に当たった。

稚児の朝は明け六ツ（午前六時）前に、すでにはじまっている。

早朝、郷中の教師「二才」のもとへ〝書物習い〟に行かねばならないのだが、藩が家からの外出を許可しているのは明け六ツからで、教師は到着順に稚児へ教授をするから、稚児は六ツまでにすべての準備を整え、鐘が鳴るや一目散に家から教師の許へ駆け出した。『四書』『五経』の素読、暗誦などをおこない、日課を終えて帰宅した稚児は、家事の手伝いや〝書物習い〟の復習をしてから朝食に向かう。

そのあとは定められた場所へ集合し、徒歩競争、縄飛び、棹《さお》飛び、破魔《はま》投げ、山野跋渉《ばっしょう》、旗取り、大将追っ取り（大将防ぎ）、降参言わせ、馬追い競争や猪狩りの模擬戦など、全身を動かす集団の遊びに熱中、薩摩人が好んだ角力《すもう》も、心ゆくまで取った。

雨天のおりには、小稚児は長稚児のいる〝復習座元《ざもと》〟（集会所）へ行き、〝書物習い〟の復習をしたり、「いろは歌」「歴代歌」「虎狩物語」など、藩の選定した歌や物語を暗誦したりした。大声ですらすら読めたり暗誦できなければ、くり返しやらされる。それでもできなければ持ちかえり、怠れば「罰読《ばつよ》み」の制裁があり、逆らえば「素手打」で打ちすえられてしまう。本当に、厳しいものであった。

なにしろ「いろは歌」などは、主家——戦国時代の島津の名君、義久・義弘兄弟の祖父にあたり、薩摩文教の中興の祖、〝薩摩聖人〟などともいわれる島津日新斎《じっしんさい》（忠良《ただよし》）の作で、

いにしへの道を聞《きい》ても唱へても
　わがおこなひにせずば甲斐《かひ》なし
敵となる人こそは我が師匠ぞ
　おもひかへして身をも嗜《たしな》め

など、四十七首に人倫の道を説いたもので、扱いは厳《おごそ》かであった。

この「いろは歌」から受けた影響は、西郷・大久保はもとより、川路にも桐野にも濃厚であった。〝三つ子の魂、百まで〟とは、よくいったものである。

午後二時には、再び集合して運動遊戯に刻《とき》を費する。雨天の日や定められた日には、大名かるたや武者カルタに打ち興じ、午後四時からは先にみた示現流の稽古が待っていた。心身ともに疲れ切った小稚児は、午後六時には帰宅する。以後、夜半の外出は許されなかった。

一方、小稚児を鍛えた長稚児はというと、夕刻、二才衆の「夜話《よばなし》の座元」に出かけ、今度は二才から訓導を受ける。二才たちは朝は稚児の教師をつとめ、昼間、藩庁へ勤めるか、藩校・造士《ぞうし》館で学問に励んでいるため、午後四時の「御出鐘《おんだしのかね》」を合図に武術の稽古場へ出向き、午後六時まで武術をやり、夕食後、夜話の座元へ席を移す。

約二時間、毎夜、長稚児に歴史の物語や論語の挿話などを語った二才衆は、午後八時になると、手分けして長稚児を各々の家まで送り届ける。ここで長稚児の日課は終わるのだが、午後八時以後、二才たちは再び集まり、軍記ものを輪読して、「穿儀《せんぎ》」（詮議）を行った。

絶体絶命の窮地に追いつめる学問

薩摩藩独自の「穿儀」は、「二才咄格式定目《にせばなしかくしきじょうもく》」の第二ヵ条があった。

「兼ねて士《さむらい》の格式、油断なく穿儀を致すべきこと」

この一節である。「穿儀」とは本来、衆議を尽くすという語意で、武士として守るべき規範を十分に論議、検討して身につくよう努力せよ、と促しているのがこの条目であった。

一つ、ルールがあった。とっさのおりに臨機応変、的確な判断を速やかに行うことが前提で、そのための思考力と判断力を養うのが何より「穿儀」では重要であった。たとえば韓信の股くぐりの説話を書物で読んでから、「穿儀」へ移ったと仮定する。

往来で韓信の前に立ちはだかった無頼漢は、道を空けようともしなければ会釈のひとつもしない。それればかりか韓信を腰抜けと侮《あなど》り、聞くに耐えない罵詈雑言《ばりぞうごん》を浴びせかけた。

韓信が士ならば、許されるべきことではない。

「どげんするや」

議長格の二才頭が問う。原則的には当然、無礼討ちにすべきである。お国柄の違いはあっても、士は何処の国でも面子《メンツ》のために死ぬ。

だが、この主張には反論が出た。無頼漢がひとりでなく多人数、周囲にいたとしたら、韓信はそれをも斬り伏せられるであろうか。多勢に無勢、敗けるのではないか、と。

すると今度は、否、男子たる者は相手の強弱、多寡を問うべきではない、との意見が出た。

しかし、みすみすの斬死にはいかがなものか。ひとまず斬り込み、相手方の出かたをみて、場合によってはとりあえず後退し、態勢を整えて再び、成敗に赴けばよい——云々。

喧々囂々《けんけんごうごう》の、やるやらぬの論争がつづく。

すると、そのうちに質の異なる提起がもち込まれる。

「じゃどん、韓信には大志がありもす」

つまらぬ諍《いさかい》で身を傷つけられ、生命《いのち》を損なっては将来への志も実現できまい。一時は耐え忍んで無頼漢の股をくぐり、その場をおさめるべきではないか、というのだ。

「そいじゃ、武士の面目ば立ちもはんぞ」

当然、反論が出る。それでなくとも、薩摩武士にとって最高のモラルは潔さにあり、この道徳は武士であるかぎり固く守らねばならない。「ひっかぶいごろ」（卑怯者の弱虫）、「やっせんぼ」（役立たず）と言われるほどの不名誉は、この藩＝国にはない。

韓信のようなケースにおいて、わが生命や家の行く末を顧慮し、出処進退をきめるようでは武士の一分が立たず、何も考えず、即、抜く手もみせず無頼漢の首をはねてしかるべしというのである。大方は、ここで納得してしまう。

けれども、郷の中心にあるような二才は、むしろここからその力量が問われた。

「おはんら、大切なこっぱ忘れちゃおりもはんか？」

無頼漢の生命は一顧せずともよいのか、というのである。

無頼の徒とはいえ、否、無知蒙昧な輩《やから》であればこそ、武士たる者はそれを憐れみ、〝惻隠《そくいん》の情〟を起こさねばならないのではないか。

この憐れみや情けこそが、〝仁〟の根本だと儒学は教えているではないか。

武士の面目を守るか、惻隠の情を優先すべきか、互いに相容れぬもの（心理学でいう価値葛藤《かっとう》）が存在するだけに、この場合の「穿儀」は容易に決着がつかない。

薩摩藩の「穿儀」はこの種の矛盾、つまり二律背反的な絶体絶命の立場に「二才」を追いつめておいて、最も武士道にかなった解決策、快刀乱麻を断つごとくに即決対処できる人間の、育成に主眼が置かれていた。武士とは何か。どうあるべきか。

その原理・原則を思料し極めるのが、薩摩藩「二才」の学問であり、郷中制度の究極の目的であったといえる。それにしても、驚嘆すべき教育といわねばならない。

「二才咄格式定目」と『警察手眼』

この郷中制度の主柱に、先に第二ヵ条をみた「二才咄格式定目」（十ヵ条）があった。

突飛ないい方が許されるなら、筆者はもしかすると「東京警視庁」は、この規約から生まれ出たのではないか、とすら感じたほどであった。以下、列記してみる。

一、武道を嗜《たしな》むべき事
二、兼《か》ねて士の格式（身分）油断なく穿議《せんぎ》（儀）致《いた》すべき事
三、万一、用事に付きて咄外《はなしがい》の人に参会致し候はば、用事相済み次第、早速《さっそ》く罷《まか》り帰り長座致す間敷事《まじきこと》
四、咄相中《はなしあい》、何色によらず、入魂に申し合せ候儀、肝要たるべき事
五、朋党中、無作法の過言互に申し懸けず、専ら古風を守るべき事

六、咄相中、誰人《たれびと》にても他所に差越候節《さしこしそうろうせつ》、その場に於いて相分ち難き儀、到来致し候節は、幾度も相中得と穿議《ママ》致し、越度《おちど》これなき様相働くべき事

七、第一は虚言など申さざる儀、士道の本意に候条、専らその旨を相守るべき事

八、忠孝之道、大形これなく様相心懸くべく候。然しながら逃れざる儀、到来候節は、其場おくれを取らざる様、相働くべき事、武士の本意たるべき事

九、山坂の達者は心懸くべき事

十、二才と申す者は、落鬢《らくびん》を斬り、大りはをとり候事にてはこれなく候。諸事武辺を心懸け、心底忠孝之道に背かざる事、第一の二才と申すものにて候。この儀は咄外の人、絶えて知らざる事にて候事

右は東京大学史料編纂所《へんさんしょ》の写本を、適宜《てきぎ》、読み下し文に改めたものである。

それにしても、薩摩藩の郷中制度は、武道にはげんで油断するな、とか、用事はすみ次第、長居をしないで帰れ、とか、何事も魂を入れてやり、無作法なことはしてはいけない。何事もとくと穿儀して落度のないようにせよ、虚言をはくな。忠孝にはげめ、どうしようもない土壇場にいたったならば、決して逃げずに、遅れをとらず適切な処置をせよ——いずれも日

本独特の徳性、武士道を懸命に説いている。

割り込むようで恐縮だが、明治の世となり東京府―司法省と管轄を変えて誕生した「東京警視庁」において、川路は新しい所属・内務省を説得して一等巡査の帯剣を実現した。

このおり、川路は次のようにいっている。

「凡《およ》そ刀の精神は、抜くべくして抜くべからざるに在り、苟《もし》も一旦之《これ》を抜かば、其《その》目的を達せずして空《むな》しく再び鞘《さや》に納むるを得ず。故《ゆえ》に如何なる強賊逮捕の危険に臨むも、万止《ばんや》むを得ざるに非ざれば抜剣すべからず」（『警察手眼』）

武士の本意は、そのまま帯剣した警察官に受け継がれたといえなくもない。

山坂達者――山や急な坂道でも平気で歩いてへたばらぬよう、常に頑健な肉体と精神を養えと、「二才咄格式定目」はつづけていう。

もとよりこれらは何も、薩摩藩のみの規約ではなかった。三百諸侯が並立した江戸時代、何処の藩においても同じ様な青少年育成の方針は存在した。だが、内容を徹底させた度合いにおいて、薩摩藩を越える藩はなく、かろうじて並び得る藩としては、固陋《ころう》なまでに行儀作法、武士道に厳格であった東北の雄・会津藩二十三万石をあげることができようか。

三百年近い泰平は、いつしか日本人の中から緊張感、質実剛健の生活態度、克己心といったものを喪失させてしまったようだ。

——明治の世となり、「警保寮」（後述）、「東京警視庁」が発足した。

この頃、川路が考え、メモしたものの集大成である『警察手眼』——これには警察官の心得、警察官の等級、部長心得、巡査心得、探索心得などの項目があげられ、各々を詳細に説いているが、ここで川路は言う。

「警察官は人民の為《ため》には、其《その》依頼する勇強の保護人なり。故《ゆえ》に動かず驚かず、軽々しく人を機挙《きょ》（毀誉）せず、忍耐忠直にして、能《よ》く品行を慎《つつし》み、以《もっ》て威信を収むるを要す」

「警察官は、人民の為《ため》には勇強の保護人なれば、威信なくんばある可《べか》らず。其《その》威信は人の感ずる所にあり、其感ずる所は己《おのれ》の行ふ所の危難の価《あたい》に在り。即ち人の耐へ難き所を耐へ、人の忍び難き所を忍び、人の為し難き所を為すに在り」

「抑《そもそも》君主国長に隷属するもの（公僕・警察官）は理と法とを尊奉し、一己《いっこ》の毀誉に関せず、公正忠直にして、其職務に斃《たお》る可《べ》きなり」

「（警察官は）一度職を奉ぜし以上は、其分に斃而後已《たおれてのちや》むを目的とすべし」

と。川路利良によって創られた「東京警視庁」は、彼の棲んだ薩摩＝封建制度の中の小世界から出発し、明治維新を掻《か》いくぐってきた点を見落としてはならない。

川路は何を捨て、何を後世大事にかかえて、明治初年を迎えたのであろうか。

「あれは刑名家《けいめいか》でごわんな」

時勢は薩南の一貧士・川路正之進を置きざりに変転をつづけていた。

幕府は攘夷を煽《あお》る長州藩寄りの公卿たちが、過激派の志士に唆《そそのか》されて朝廷を牛耳《ぎゅうじ》る中、孝明天皇をいかに奪還するかに知恵をしぼり、やがて八・一八クーデターと、それに連動する形で勃発した〝禁門の変〟へと向かうことになる。

そしてこの政変こそが、「川路利良」を「大警視」にしたといえなくはなかった。

その活躍を見る前に、ぜひにも見ておかねばならないものがあった。

冒頭の幕政改革に大鉈を振るった久光が、意気揚々として帰路についており、遭遇した思いがけない事件について——。

文久二年（一八六二）八月二十一日——新暦では九月十四日の日曜日——のことである。

この日、東海道を京都に進んでいた薩摩藩の行列は、武州《ぶしゅう》生麦村《なまむぎ》（現・横浜市鶴見区）へさしかかった。このとき、イギリス商人リチャードソンを先頭に、〝ボラデイル夫人〟と呼ばれた女性を含む男女四人が、偶然にも騎馬で通行中、行列の先頭と接触してしまう。

彼らは来日早々で、大名行列に出会ったおりの作法を知らず、薩摩藩の一行に対して下馬の礼をとらなかった。久光の駕籠の右後方にあった供頭《ともがしら》・奈良原喜左衛門は、疾風のように駆けより、その無礼を窘《たしな》めたが、リチャードソンは動転して立ち往生してしまう。怒った奈良原は、猛然とここで斬りかかった。彼は藩内屈指の薬丸示現流剣法の達人であった。

奈良原はリチャードソンの左肩に斬り込み、肋骨を切り下げ、腹部まで太刀をいたらしめた。恐ろしいまでの、抜刀の冴《さえ》である。馬上のリチャードソンは逃げ出したものの、ほどなく落馬し、そこへ海江田武次（前名・有村俊斎、のちの信義）が駆けつけて、武士の作法に則《のっと》り、脇差で止《とど》めを刺した。他のイギリス人男性二名も、傷を負っている。

「こいはまずかこつ……。いかん……、戦争になりもはんぞ」

川路はまるで、〝国父〟の久光かその側近が口にするようなことをつぶやいた。

確かに、日米修好通商条約は幕府の因循《いんじゅん》姑息《こそく》によるもので、薩摩藩としては許しがたい。だが、一度締結されてしまったからには、正規のルールにしたがって改訂するまで、これは日本とアメリカの約定である。

約定に拠って外国人が日本へ上陸し、定められた地域を騎馬で旅行していたのだ。これを無礼討ちしても、理非は糺《ただ》されない。当然、イギリスは薩摩に戦争を仕掛けてくる、と薩摩の下級与力・川路正之進はいうのである。奇異といってよい。

「どうおもわれ申したか――」

後日、〝禁門の変〟に遭遇して、川路と邂逅《かいこう》した大久保は、卒族の癖《くせ》に目線の高い、この一風かわった気質や思考方法をもつ男について、どう解釈すべきか、と周囲に問われ、しばし目を伏せて熟考したうえで、おもしろい見解を述べている。

「あいは刑名家《けいめいか》でごわんな」

大久保はいつになく、明るく屈託のない笑顔になった。よほど、己れの言葉が気にいったのだろう。うんうんと自ら二、三度頷き、大久保は刑名家とは法家《ほうか》のことだ、とつけ加えた。

古代中国に、〝諸子百家〟と呼ばれる思想の大開花期があった。

春秋と秦の始皇帝の中国統一に挟まった「戦国」という、乱世が日常化したような時代にあって、人々は生きる目的を懸命に模索した。また、現実の政治のあり方や棲みにくい世に対処する個人の処世をも探求している。結果、儒家《じゅか》・道家《どうか》・陰陽家《いんようか》・法家・名家《めいか》・墨家《ぼっか》・縦横家《しょうおうか》・雑家《ざっか》・農家《のうか》の九流派をはじめ、後世の前漢帝国の分類では「百八十九家」の思想が誕生したという。兵家《へいか》もこのおり、別の流派に数えられている。

これら一口に〝諸子百家〟と呼ばれるものの中で、最も大きな勢力を持ったのが儒家・道家・墨家・法家の四学派であった。これに別区分の兵家を加えれば、およそ人類が持ち得た思想の根幹は網羅できるに違いない。

荀子と川路を結ぶ糸

四学派の中で双璧を成したのが、儒家と法家であった。

この二つの思想は、ともに人間性をどう捉えるか、といった命題で対極をなしていた。

「人の善なるをもって前提とすべし」

との答案を出したのが儒家の家祖ともいうべき孔子であり、その孫に学んだ孟子であったとすれば、その正反対に、

「人の性は本来、悪である」

といい切り、道徳に訴える以上に法律を重視し、刑罰を厳しくして、人間の恐怖に一つの歯止めをかけ、国家秩序を維持しようと考えたのが法家であった。

この学派には遠祖が多いが、なかでも著名なのは荀子《じゅんし》であったろう。その弟子で法思想の大成者となった韓非子《かんぴし》や、始皇帝の宰相をつとめた李斯《りし》などが著名である。

あるいは管仲・李悝《りかい》・商鞅《しょうおう》・申不害《しんふがい》・慎到《しんとう》なども、この学派の徒として名高い。

中国大陸は以来、儒教を表の看板＝建前に使い、法家を本音で使用してきたといってよい。

やがて「大警視」となる川路の内面を理解するため、少し、荀子について述べたい。

ヨーロッパのギリシア哲学における、アリストテレスのような地位に、このいわば古代中国における哲学の総括者、あるいは諸子百家の折衷《せっちゅう》実践者たる荀子は、意外にも孔子の教えを受けつぐ儒家の一人として、歴史の表舞台に登場した。

孟子につぐ〝大儒〟として、世に〝孟荀〟と併称されてきたほどである。

それがなぜ、法家側の人となったのか。そもそも儒家には、まごころの徳、つまり〝忠《ちゅう》恕《じょう》〟を重んじる内面的な精神と、礼を尊重する外面的な形式主義の両面があった。

どちらかといえば、荀子は形式主義に偏りをもったことを見落としてはならない。

荀子、名を況《きょう》という。荀卿《じゅんけい》と呼ばれたことでも知られるように、この人は古く荀《じゅん》国の公室から出た名門の家柄で、ほぼ現在の山西省に重なる趙《ちょう》の国に生まれている。

儒家の学問を修め、五十歳をすぎて斉の国へ遊説におもむく。

〝老師〟と奉られた荀子は、三度、国家の教育を司る重職についたものの、他者の悪口に嫌気がさして、趙へ。そして、さらに秦へと自らの思想を説いてまわった。

ほぼ紀元前二六五年から二六〇年頃にかけてといわれているが、荀子の特徴は軍政には軍政を、国政には国政を、具体的に述べて相手の理解を助けたところにあったといわれている。

たとえば、趙では孝成王の御前で臨武君《りんぶくん》と軍事を議論し、用兵の根本を民衆の支持、なつかせることだと説いてみせた。そのうえで理想的な将軍や軍制とはどのようなものか、儒家の道徳を前面に押し出して自説を述べている。

ところが一旦、秦へおもむくと、宰相の応公《おうこう》には次のような秦の第一印象を語っていた。

「民衆は素朴でみだりがましい風俗を持たず、上を尊敬して従順に仕えています。役人は慎み深くまじめで、堅実に見うけられました。都の高官も皆、自宅と役所の間を往復するだけで、裏にまわって党派を作ったりしておらず、有能で公明正大です。宮廷はといえば物静かで、万事において遅滞がありませぬ。それは政治そのものが行われていないようにすら思えるほどです。いずれも理想的な国家の在り様であり、感服のほかはありませんでした」

荀子は決して、お世辞やへつらいを言うような人物ではなかった。

このとき、秦では法家の商鞅《しょうおう》が一貫して厳しい法治国家を統制、維持していたにすぎなかった。その一糸乱れぬ政府の法的秩序に、荀子は心から感動したのである。礼を尊重する形式主義に己れの主張をみいだす荀子にとって、秦は一面で理想の国であったわけだ。

水戸学より異端な学問

しかし、儒家の徒であることに拘《こだわ》る荀子は、秦を去って楚の国へ足をのばし、蘭陵《らんりょう》（現・山東省棗荘市）において長官などをつとめ、そのままこの地で生を終えた。

どちらかといえば弁説、遊客の人ではなく、地味な学者然とした人であったが、荀子の端倪《たんげい》すべからざるところは、孔子であれ孟子であっても、決してゆるがすことのできなかった〝天〟を、人から切りはなしたところにあった。

老子や荘子などの道家においても、天＝自然は人間のしたがうべき根源だとのべられてきたものを、荀子は躊躇《ちゅうちょ》することなく断ち切って、自然には自然の法則があり、人間がその社会で生きていくには、それなりの自主的な法則をたてるべきだ、と主張した。

荀子ほどの進歩性は、他のいかなる諸子百家にも比類がない。

「水火には気があるが生がない。草木には生はあるが気がない。禽獣《きんじゅう》には知はあるものの義がない。人間には気があり生があり、知があり義がある。だからこそ、最も高貴なのだ」

〝義〟は今日風にいえば、社会正義とおきかえてみるとよい。荀子は人間を社会的な動物だと定義した。一つの秩序を維持し、円満に活用していけるのは人間だけだ、とも。

そして人々が協力し合い、力を出し合うところにこそ無限の可能性がある、と主張した。

そのために何が必要か、荀子は「礼」だという。

もし仮に、人々が持つ欲望をそのままに放任すれば、社会は大混乱となり、人間生活はいきづまってしまう。それを抑えるものが「礼」であり、具体的には社会の階級秩序であった。天子は天子らしく、庶民は庶民らしく、それぞれの分限に応じた欲望をとげれば、社会は常に活気をもちつつも平穏でありつづけられる。

荀子は儒家が掲げる道義による王道の理想を支持しながら、一方では力による覇道をも容認し、儒家の中に法家的な考え方を大幅にとり入れた点が際立っていた。

日本の幕藩体制もしかりである。いかに抗弁しようと、体制は荀子の学風といってよい。

だが、これを学問の見地からみれば珍奇な現象といえなくもなかった。

なぜならば、日本は儒家――わけても中国の宋代に朱子学を興した名儒・朱熹《しゅき》（朱子）の学問をもって正統の官学としており、荀子から韓非子へと流れる法家の思想は、江戸期の学問体系には組み込まれていない。

〝異端の学〟として、幕末に隆盛を誇った水戸学も、スタートは朱子学的大義名分論にもとづき、徳川光圀《みつくに》が『大日本史』の編纂という修史事業を企てたことに、端を発していた。

蛇足ながら、この『大日本史』は突きつめれば〝尊王賤覇《そんのうせんぱ》〟の歴史観に尽き、わかりやすくいえば京都の朝廷を尊崇し、幕府＝武家政権を賤《いや》しむ思想であった。

けれども、水戸学には荀子のような覇道の肯定はない。

江戸時代、荀子や韓非子をどれほどの日本人が知っていたであろうか。法家の書にわずかながらもかかわっていたのは、裁判をおこない、刑を執行する一部の人々だけであった。

先に十六歳の川路正之進が、鹿児島城下まで三里の道を往復して藩庁へ通ったことは述べた。このおりの支配は、町奉行兼物頭の近藤隆左衛門であった。

川路の父・正蔵（利愛）は近藤の総管していた与力の一人で、川路は父の手伝いもあって以前から、ときおり町奉行所へ出入りしていた。一名を兵具奉行と称した役目にあった近藤は、川路の生涯にとって、忘れられない得がたい最初の公人であったように思われる。

日本人のみならず、留学しては欧米諸国の人々からも、川路は実に多くの見識とともに人間としての魅力を吸収し、それを肥料《こやし》として「東京警視庁」を創りあげたが、その最初の恩人は彼の進路を考えた場合、近藤隆左衛門でなければならなかった。明治二年（一八六九）九月、川路はそれまでの経歴を踏まえて、近藤と同じ兵具奉行となっている。

近藤隆左衛門とお由羅騒動

著名の人でも、英雄・豪傑の類でもない。近藤隆左衛門は、薩摩藩の一官吏にすぎなかった。幕末、流行した志士は、世の乱れに乗じて一世を変革し、新しい時代をもたらそうと、己れを英雄視して無鉄砲な夢をみたが、近藤にはその風韻がなかった。

きわめて地味で、薩摩武士らしい磊落《らいらく》な人柄。質素を尊び、士民にやさしい人であったが、後世に特別知られるような業績も残していない。ただ、ものごとの清濁、義と不義、正と不正に関しては、決して妥協を許さぬ厳格一途な人柄であった。

法秩序といいかえてもよい。死を賭《と》しても守らねばならぬものを、近藤はしっかりと己れの中にもっていた。そのことがこの男を、死出《しで》の旅にむかわせることになる。

久光も間接的にかかわった、世にいう「お由羅騒動」(別名、高崎くずれ)がそれだ。彼の異母兄・島津斉彬は英邁な藩主として後世に名を残したが、その藩主就任までには多くの藩士の血が流された。それはこの名君が、四十三歳にしてようやく襲封《しゅうほう》を受けた(当主となった)一事をみても明らかであったろう。

薩摩藩は斉彬の曾祖父・島津重豪《しげひで》の時世に、藩財政が破綻。五百万両(銀にして三十二万貫余)という天文学的な借財を、藩は背負い込んだ。次代の斉宣《なりのぶ》―斉興《なりおき》の二代はともに、この返済と再建のためにだけ藩主にあったといってもよいほどで、逆境の中、非常の努力を重ね、なんとか藩財政を正常化させることに成功した。

が、次代の斉彬の気性が重豪に酷似していたため、父でときの藩主・斉興のみならず、家老の島津将曹《しょうそう》（久徳《ひさのり》）ら門閥や、財政立て直しに奔走した財政担当重役の調所笑左衛門《ずしょしょうざえもん》（広郷《ひろさと》）などが挙《こぞ》って、斉彬の次期藩主就任に難色を示したのである。否、廃嫡の機会すら窺《うかが》った。

しかし、この問題を武家の法秩序＝正義に照らせば、すでに定まっている嫡子を廃する動きは、臣下の者として黙して終われるものではなかった。加えてそれが、愛妾お由羅にたぶらかされての主君・斉興の判断、との推測が尾鰭《おひれ》につけば、なおさらのことである。

「納得できもはん」

船奉行格御家老座書役兼奥掛の高崎五郎右衛門（正風《まさかぜ》の父）をはじめ、近藤隆左衛門、町奉行格兼鉄砲奉行の山田一郎左衛門（清安）、道方目付・村田平左衛門、兵具方目付・土持《つちもち》岱助《たいすけ》、兵道者・国分猪十郎らが、「結盟組」をひそかに結成して立ちあがった。

荀子の言葉を借りれば、

「是《ぜ》を是と謂《い》い、非を非と謂うを、直《ちょく》と曰《い》う」（正しいことは正しいといい、間違ったことは

間違っているという。これが直というものである）

あるいは、

「道義重ければ、則ち王公を軽《かろ》んず」（ともに「修身篇」）

彼らは頻繁に会合し、やがてお由羅派と見做《みな》される島津将曹らを成敗しようと決議する。ところが、藩主斉興の意志を背景にした藩庁は、結盟組の動きを「臣分の域を越えた所業」と断定。不穏な情勢の機先を制すべく、突如、右の首謀者たち六名に出頭を命じた。六人は出頭せず、覚悟の切腹を遂げる。嘉永二年（一八四九）十二月三日のことであった。

一つの口伝に、出頭＝切腹を命じた藩庁に対して、近藤隆左衛門の周囲は、彼に出頭することも、ましてや切腹して果てることも必要ない、藩外へ逃亡してはどうか、と勧めた挿話がある。しかし、近藤は必死な形相《ぎょうそう》でいう。

「おいはもとより死を好む者にあらず。生もとより尊し。なれど脱藩は罪であり、このように主張し、事破れた以上、さらに藩法を軽んずることはできない。本来なら藩法に服するが藩士のつとめであるが、敵の藩命ゆえ、同じ結果ながら自らの腹を命ぜられる前に切る」

近藤にとっては、藩法や藩の秩序は己れの生命《いのち》にもかえがたい大切なものであったようだ。

その秩序主義者が、反対派の要人暗殺を企てたのである。奇抜の感はぬぐいきれないものの、こうした一風異なった解釈、決断にも薩摩藩の郷中教育を含め、独特の風土が染み込んでいるようにも思われる。

この日から翌年六月にかけて、処罰された藩士は切腹十三名、幽閉中の自殺一名、病死一名、遠島十六名、役免・閉居が十五名。これに亡命者の四名を加えると、処分は五十名に及んだことが知れる。

三十歳の川路、重なる藩の悪材料

このお由羅騒動のとき、川路正之進は十六歳でしかなかった。幸か不幸か、軽輩与力の小《こ》倅《せがれ》にすぎなかった彼は、処分の渦中にはなかったものの、支配の近藤隆左衛門や兵具方目付の土持の死は、その心中に悲嘆と義憤の芽を育むことになる。

それはちょうど、このお由羅騒動により、尊敬する物頭《ものがしら》・赤山靱負《ゆきえ》を失った西郷吉之助や実父を遠島処分とされた大久保一蔵と何らかかわるところはなかったろう。むしろ、彼らは共通の悲しみと怒りを共有していたことになる。

余談ながら、この騒動で政治・外交にめざめた若手の下級藩士たちによる団結、会合が、すでにふれた「精忠組」の結成母体となっていく。

藩士からみれば下僕のような卒族の与力とて、抱いた思いに身分上の差などあろうはずもない。ましてや、法秩序を正そうとして、己れの生命を捨てた近藤隆左衛門の最期は、川路にあるいはその本性をしらしめたかもしれなかった。

「おいは刑名家の道をめざし申す」

もしも川路に学問があれば、彼は『韓非子』を何処からか探し出して来て、それを押し頂くようにして、目のさめるような大声でそう宣言したであろう。

だが、彼の一家の生活はあいかわらず窮迫しており、貧しさは言語を絶していた。堆肥《たいひ》のにおいを全身に帯びる川路からは、学びの途ははるか彼方《かなた》のように思われてならなかった。

思い描けば、これほどの不遇もあるまい。自らに恃《たの》むところの巨大な可能性を蔵しつつ、その才覚と自尊心を発揚充足させる場があたえられない。彼は身をこがすように身もだえしながら、卒族の与力として三十歳を目前としていたのである。

さぞ、川路はくやしかったであろう。同じ薩摩藩とはいえ、与力という卑士階級に生まれ落ちたことが。彼は貧困にも、身分上の屈辱にも、耐え得る根気はもっていた。が、何よりも功名心の強烈な、この屈強漢を鬱屈《うっくつ》させていたのは、藩政中枢の仕事にたずさわれぬ、という一事であった。町奉行所の捕方や雑用はやれても、自身は町奉行にはなれない。

それはあたかも、学問を志す若者に師と書物を与えぬという所業に似ていた。若者は耳学問をこころがけ、わずかばかりの単語を暗誦し、我流の雑学をつなぐしか方法がなかった。

事実、川路は手習いに毛がはえた程度の学問の世界から、刑名に関するものを、いつしか無意識の中に抽出《ちゅうしゅつ》していた。しかし、具体的な形にはならない。気がつけば、いつしか三十歳となっていた。この長い歳月の怨念が、ほどなく〝禁門の変〟で火を吹くことになる。

が、その前に薩英戦争が待っていた。

イギリスは幕府に謝罪書と賠償金《ばいしょうきん》十万ポンドを要求し、薩摩藩へは下手人《げしゅにん》の処刑と慰謝料二万五千ポンドの支払いを申し入れた。幕府はイギリスの実力を知っている。すぐさま要求を受け入れた。けれども薩摩藩は、「非はイギリス側にある」と一切を受けつけない。

イギリスはすぐさま、武力行使＝鹿児島への艦隊派遣を決定。翌文久三年七月には、薩英戦争の幕あけとなる。

その前年の閏《うるう》八月、久光一行は帰路、京都の錦小路にある藩邸に入った。イギリス艦隊出撃のうわさが、すでに飛び交い、加えて、この王城の地はかつての〝突出〟が〝天誅《てんちゅう》〟に流行語をかえ、尊王攘夷に名を借りた暗殺、放火が連日連夜行われて、ほとんど無政府状態になっていた。

「いつも泣きをみるのは、弱か者ばかりじゃな」

川路は鹿児島城下の町奉行所の配下として、薩摩藩内の秩序と比較して考えたに相違ない。

――情勢も変化していた。

江戸で幕府を屈服させた薩摩藩主導の幕政改革論も、京都では長州藩主導の尊攘即行論が幅をきかせているありさま。憤慨した久光は、滞京わずか十余日で帰藩の途につく。

武装上洛の不振（文久二年四月二十五日の、急進派の有馬新七ら薩摩藩士を、久光が斬らせた寺田屋騒動も含め）に加え、生麦事件の後始末に苦慮する薩摩藩に、またしても悪材料が重なった。公卿《くぎょう》・姉小路少将公知《あねがこうじしょうしょうきんとも》の、暗殺事件である。

姉小路は眼光に異彩を帯び、顔色が黒っぽかったことから、「黒豆」と志士たちにあだ名されていた。対《つい》である「白豆」は、三条実美《さねとみ》のこと。二人は尊攘派勢力において、仰ぐべき双璧を成していた。

その「黒豆」暗殺の真犯人は杳《よう》として見つからぬまま、嫌疑《けんぎ》をかけられた薩摩の〝人斬り新兵衛〟こと田中新兵衛が、京都町奉行所内で自殺したのである。

おかげで薩摩藩は責任を問われ、皇居九門への出入りを禁じられてしまう。

第一章　新国家の樹立をめざして

薩英戦争で得たもの

文久三年(一八六三)六月二十七日、キューパー少将率いる艦船七隻=艦砲八十九門からなるイギリス艦隊は、鹿児島湾頭にその偉容を現した。

イギリス側は出撃した時点で、必ずしも薩摩藩との開戦を予期していなかった。彼らはアジア諸国への侵略経験から、艦隊が勢揃いして湾口に砲門を向け、無言の威圧を加えれば、アジア人は恐れをなして屈服する、との思い込みが強かった。

現に旗艦ユーリアラスの甲板《デッキ》には、幕府がすでに支払った賠償金《ばいしょうきん》がうずたかく積みあげられていた。政権担当者(幕府)が戦わないものを、その支配下にある一諸侯がまさか刃向かってはこまい。イギリス側は、そう判断していたようだ。

ところが、薩摩側は藩をあげて戦備を整え待ち構えていた。われに七百年、薩摩鎮護の歴史あり、桜島も照覧あれ、と屈強漢《ボッケモン》たちは闘志を漲《みなぎ》らせていたのである。川路ら賤士《せんし》にとっては、まさに千載一遇の機会。手具脛《てぐすね》引いて、いまや遅しと刀槍を研《みが》いていた。

六月二十八、二十九の両日、薩摩藩とイギリスの間で話し合いが行われたが、双方とも譲歩せず、ついに交渉は決裂。薩摩藩は藩兵を、それぞれの部署に配置した。

大久保はこのとき、城西千眼寺に設けられた本営につめ、作戦全般の指導にあたったが、川路が何処の部署に配置されていたのかは定かではない。ただ、いつしか川路の周囲には、この思慮深く勇敢な男に、判断のすべてを委ねようとする小集団が、かつて川路が生まれ育った比志島《ひしじま》の二才《にせ》たちを中心にできはじめていた。のちに彼らが、〝禁門の変〟において川路を押し上げ、戊辰戦争では義勇軍を編成、川路に功成り名を遂げさせることになる。

七月二日、交渉の行きづまりに業《ごう》を煮やした指揮官キューパーは、湾内に碇泊《ていはく》中の薩摩藩の蒸気船を三隻拿捕《だほ》。正午、薩摩側の大砲がいっせいに火を吐いた。おりからの暴風雨のなか、薩摩とイギリス両軍の激しい砲撃戦が開始される。

薩摩藩の主砲は六十ポンドの先込め青銅砲であった。一発撃っては砲口から火薬を押し込み、ついで球形弾を入れ、突っ込んでは火縄で火口に点火、発射する手順となっていた。一発の装塡時間が長すぎた。射程距離も短い。川路らは一発撃つと立ちこめる火薬の煙の中、顔中鼻の穴まで真黒にして弾《たま》を込め、弾運びを懸命におこなったが、なかなか敵艦には当たらない。総合力で劣る薩摩軍は、局地的に集中砲火を浴びせる戦術をとった。

郷中制度を含め、島津斉彬以来の平素の教練もよかったのであろう。砲丸は徐々に敵艦に命中、うち一発が偶然、旗艦ユーリアラスの艦橋で炸裂《さくれつ》した。

この一撃は、艦長ジョスリング大佐と副艦長ウィルモット中佐をなぎ倒す。ここだけ見れば薩摩藩の優勢勝ちにもみえたが、全戦場を見渡せば、イギリス艦の最新式アームストロング砲の破壊力は凄まじく、薩摩軍の砲台は次々に沈黙させられていた。

——戦いは日没とともに、ひとまず熄《や》んだ。

翌三日、小ぜりあいがあったものの、ついにイギリス艦隊は上陸戦には踏み切らず、薩英戦争は結局、勝負なしの引き分けとなる。英国側の死傷者は六十三名（戦死十三名、負傷五十名）、薩摩側の死傷者は二十一名（戦死五名、負傷十六名）。

ただし、鹿児島城下は火の海となり、城下の一割＝五百戸が焼失。島津斉彬が心血を注いだ、薩摩藩の誇る近代科学工場「集成館」も破壊され、薩摩藩としてはきわどい引き分け、見方によっては辛勝《しんしょう》といえなくもなかった。

イギリスとの講和交渉は薩摩藩の分家・佐土原藩が仲介、場所を横浜に移しておこなわれた。薩摩側の全権は、大久保であった。四ヵ月後の十月二十日、イギリス側が要求する七万両（二万五千ポンド相当）を、大久保は幕府から借用し、しかも名義は慰謝料とせずに、〝遺族養育料〟と名義し、薩摩藩の面子《メンツ》を守っての講和を成立させている。

幕府はあろうことかこの頃、薩摩藩をたよりとするようになっており、七万両を貸したものの、結局は薩摩藩が維新のどさくさで踏み倒してしまった。

薩英戦争は薩摩藩を一変させる。対外的には、イギリスが日本で一番手強い相手を薩摩藩と評価することとなり、両者は接近。国内的にも薩摩の声望は一変した。イギリスと正々堂々と戦ったことで、藩内の実情＝開国志向とはうらはらに、薩摩藩は攘夷運動の雄と再び仰がれるようになり、尊攘派に攻撃されて京に孤立していた立場を一気に変えることとなる。

文久の政変

ところが、薩摩藩の政敵・長州藩は、あくまで京都における自分の地位を維持しようと強気にでた。

薩英戦争から半月もたたない八月十三日、焦った長州系過激派の公家たちは孝明天皇を偽《いつわ》り、詔勅《しょうちょく》を発して、帝を大和《やまと》へ連れ出し、そのまま討幕の烽火《のろし》をあげようと策謀する。

もっとも、計画自体がおよそ、現実ばなれした無謀なものであり、彼らの企ては実行に移されるまえに、京都守護職に任じられていた会津藩に察知されるところとなった。

会津藩では逆に、薩摩藩と連合して朝廷を固め、長州の藩士やその系統の浪士団を京洛から排除する挙に出る。長州藩に荷担していた〝七卿〟も、京都を落ちていく。長州藩主の毛利敬親《たかちか》も〝勅勘〟の身となった。八月十八日のことである。

なぜ、この企ては成功したのか。世に〝文久の政変〟、あるいは八・一八クーデターと称されるこの一挙は、主力が幕府ではなく、薩摩藩と会津藩に拠ったところに成功の要因があった。逆に言えば、もはやこの時点以前に、幕府には政局を逆転できるだけの手腕さえなくなっていた、といえるのかもしれない。

翌元治元年（一八六四）正月十三日、これまで無位無官であった島津久光は、従四位下左《さ》近衛《こんえ》権 少 将《ごんのしょうしょう》に任官し、「朝議参預《さんよ》（与）」に任命された。

「参預」となることは、朝廷に参内して朝議に出席する資格を意味する。

そして「参預」＝雄藩代表（藩の実権者）の会議は、頑迷固陋《がんめいころう》な朝廷と因循《いんじゅん》な幕府の間にあって、目前の国家危機を乗りきる、実質的な国家最高意志決定機関となるはずであった。

ところが、八・一八の成果を、幕府の勝利と勘違いした人々が、急に幕府再建を声高に叫びはじめたのだ。雄藩の間にも、朝廷内での影響力をめぐって微妙な感情的対立が起きた。

それらの混乱を巧みに突いたのが、将軍後見職・一橋慶喜であった。

慶喜は二月十六日の中川宮邸における参預会議の席上、あろうことか酒気を帯び、その勢いをもって、己れの支持者であるはずの島津久光、松平春嶽、伊達宗城らをこともあろうに、

「天下の大愚物、天下の大奸物」

と罵倒。せっかくの参預会議を潰してしまう。

と同時に、将軍後見職をも辞退した。このとき慶喜は、二十八歳。

彼は新たに、「禁裏御守衛総督《きんりごしゅえいそうとく》」「摂海防禦指揮《せっかいぼうぎょしき》」の任に就《つ》いた。これをもって朝廷の外枠を幕府が囲み、政局の主導権を維持できる、と慶喜は判断したようだ。

元治元年六月五日の新撰組による池田屋襲撃を挟んで、同年六月、前年の八・一八クーデターに敗れて京洛を追われ、あるいは池田屋事件で同志を失った長州藩や尊攘過激派浪士たちが、巻き返しをはかって捲土重来《けんどちょうらい》、大挙して京へ殺到してくるのではないか、との情報が多数、薩摩藩に寄せられた。

川路ら下っ端は、今度こそ、常日頃鍛えた己《おの》が腕前を天下に示してやる、と力瘤《こぶ》をつくったが、事実上の司令官である西郷吉之助――徳之島、沖永良部島に流され、元治元年二月に赦され、三月に上京して軍賦役となり〝禁門の変〟で活躍――は、変転する中央政局の動きを横目でみながら、薩摩藩の力を極力温存するため、

「禁裏御守衛を一筋――」

と口を濁し、旗幟《きし》を鮮明にしなかった。

長州諸軍、京へ出撃

しかし、相手はそういかない。

〝薩賊会奸《さつぞくかいかん》〟の四文字をスローガンに掲げる長州藩は、薩摩藩憎しで凝《こ》り固まっていた。

昨年＝文久三年（一八六三）十二月、馬関《ばかん》（下関）海峡を航行中の薩摩藩チャーターの汽船を、長州の奇兵隊《きへいたい》が攻撃して沈没させている。この年の正月には、周防《すおう》沖の薩摩商船が襲撃され、役人が殺害されたうえに積荷を焼かれる事件まで起きていた。

長州藩の仕打ちに憤慨する薩摩藩士も多く、それでなくとも血気に逸《はや》る藩の兵卒たちを押さえるのは至難のことであったろう。薩摩藩はついには止《や》むを得ず、先の政変のときと同様、「薩会同盟」を結んで長州勢を迎え撃つことに決す。

なぜならば、万一、長州藩の巻き返しが成功すれば、今度は薩摩藩が京都での足場を失い、薩南へ追い落とされることになるからであった。

六月十五日、長州藩の第一陣＝遊撃隊を来島又兵衛《きじままたべえ》（四十九歳）が率いて先発し、翌日、家老の福原越後（五十歳）が進発。さらに二十六日には同じく家老の国司信濃《くにししなの》（二十三歳）が第三陣として出撃し、世子上洛の前衛軍惣奉行として益田右衛門介（越中・三十二歳）も六百の兵をひきいて上洛の途についた（第四陣）。そのあとには、毛利家一門の毛利讃岐守元純《もとずみ》らの軍勢がつづくことになっている。

長州諸軍二千は、京都を包囲するように大胆不敵な陣を布いた。そのうえで、幕府へ「君《くん》冤《えん》」を訴え、汚名返上の陳情におよんだが、そのようなものが通る道理はない。

伏見には総帥格の福原越後があり、嵯峨天龍寺には来島又兵衛がいて、山崎の天王山には久坂玄瑞《くさかげんずい》、真木和泉《まきいずみ》（保臣《やすおみ》、筑後久留米藩士）らが拠っていた。彼ら指揮官は七月十七日、男山八幡宮に集い、今日、明日にでも長州追討令が朝廷より出される情勢をうけ、次善の策を衆議する。

大半の意見は一致していた。〝七卿〟の一人、三条実美《さねとみ》と藩世子・毛利定広《さだひろ》（のちの元徳《もとのり》）が、すでに三千人を率いて三田尻を出発している。やがて大坂に到着するから、それを待って合流し、再度、京都へ押し出そうとの論法は戦術上、正論であったといってよい。

勅命が出ての戦争となれば、長州は瞬時に歴史に残る〝朝敵〟となる。自重論＝大坂撤退が大勢を占めた。が、ひとり来島又兵衛が納得しない。

「いやしくも君公が濡《ぬ》れ衣を着せられ、史上に朝敵の汚名が残るかもしれぬというに、何を思慮することがある。万世に汚名を残さぬためにも、君辱《はずかし》められれば、臣死すというではないか。この期《ご》に及んで、議論など無用じゃ！」

来島の強行論に衆議は一転、一同は〝感情〟に引き摺《ず》られたようだ。

即戦するならば、先手を取らねばならない。なにしろ、双方の兵力は隔絶している。

七万とも公称される京都の幕府と諸藩の連合軍に対して、長州側は二千。後詰を入れても五千が漸《よう》やくである。どうしたものか、と福原越後が総参謀格の真木和泉に意見を求めた。

このとき、和泉が口にした言葉は歴史に書き止められている。

「都に攻め入るは、形、足利尊氏《あしかがたかうじ》に似ておれども、その心、楠木正成であればよかろう」

長州軍はこの一言で、将士全員が主戦論に転じた。

かくして長州軍は伏見・山崎・嵯峨の三隊に分流再編し、十八日夜半を期して京都討入りを決行。同時に、朝廷に通じる禁門（皇居、禁裏の門）諸門にせまる旨が打ち合わされた。

一方、幕府方は禁裏御守衛総督の一橋慶喜を総大将に、長州軍を包囲殲滅《せんめつ》すべく、五万の兵力をわかち、幕府側最大最強の兵＝会津とそれにつぐ桑名の二藩には大兵力を供出させ、九条河原にそれらを集結させていた。

慶喜は伏見から進んでくる福原越後の軍を長州の主力と判断、九条河原を主戦場と考えていたようだ。ところが、伏見方面の長州軍は上士によって編成された「選鋒隊《せんぽうたい》」が中心で、徳川三百年の泰平の中で、彼らも直参旗本同様、いつしか臆病で脆弱《ぜいじゃく》な部隊になりさがっていた。それだけに、双方の対決はあっけなかった。

待ちかまえる会津、桑名の藩兵と戦う以前、竹田街道で大垣藩兵に行くてを阻まれると、長州方は大混乱となり、あげくには敗走してしまう。

「——口ほどにもない奴輩《やつばら》かな」

幕府方はあっけのない勝利に勝鬨《かちどき》をあげたが、長州の本当の主力はこの頃、月下の京都市街へゆうゆうの進軍をおこなっていた。

激闘・蛤御門の戦い

家老の国司信濃を擁し、事実上、指揮権を来島又兵衛がにぎるこの方面軍は、「奇兵隊」と並んで長州最強の呼び声のある「遊撃隊」を主力に、決死の浪士団が補完参加している。

「尊王攘夷」の幟《のぼり》と共に、「討薩賊会奸」の文字が月の光にひるがえっていた。総勢は七百人。

途中、伏見方面軍は二手にわかれ、信濃の率いる一隊は烏丸通《からすまどおり》から御所中立売《なかたてうり》御門へ。又兵衛の指揮するもう一隊は長者町通を御所へと進んだ。御所へは信濃の方がはやくついた。

正面、中立売御門には筑前福岡藩と越前福井藩、それに一橋の将兵らが守備についていた。

「長州、乱入！」――御所の中立売御門から、一斉に鉄砲が射掛けられる。

信濃はこの発砲を口実に、攻撃命令を発した。激しい銃撃戦が始まった。

やがて、双方が白兵戦に移る。決死の長州方は一橋、福岡、福井の将兵を薙《な》ぎ倒し、ついには門《かんぬき》をはずして全軍が内側へ乱入した。信濃の兵は散開し、中立売御門の南にあった烏丸邸の裏門から邸内を抜け、日野邸をくぐって御所の唐門に出る。ここには会津藩兵がいた。

会津は薩摩に拮抗《きっこう》すると前述したが、彼らはこの時点まで実戦をほとんど経験していなかった。一方の長州は前年、馬関（下関）で勝手にアメリカ商船やフランス・オランダの艦船に対し〝攘夷〟を決行し、砲撃を加えている。多少は、戦闘のこつをつかんでいた。白兵戦で突貫してくる会津藩兵を、遮蔽物《しゃへいぶつ》で身を隠しながら、巧みに銃口にとらえていく。

勇猛果敢ながら、単純につっこむ会津藩兵は、いたずらに死傷者を出し、戦線維持がおぼつかなくなってしまう。そこへ、総大将の慶喜が四百の兵をつれて駆けつけてきた。

さすがに、〝家康の再来〟と敵方の長州藩士・桂小五郎《かつらこごろう》（のちの木戸孝允）に言わしめたほどの人物である。育ちがいいわりには度胸があり、戦場の駆け引きも天性巧みであった。味方を叱咤激励《しったげきれい》して、からくも潰走を食い止めたが、そうするうちに蛤御門で鬨《とき》の声があがる。

羅刹《らせつ》のような来島又兵衛の決死隊二百が、蛤御門に突入したのだ。

門内には会津藩兵がいた。が、すでに生命《いのち》を棄ててかかっている又兵衛らの獅子奮迅の活躍は、容易に阻《はば》むことができなかった。長州軍は諸門で死力をふりしぼっていたが、なかでもこの蛤御門の攻防がこの日の勝敗をわけることになっていく。

いかに激しい攻防であったか、後世のわれわれは中学・高等学校で、この〝禁門の変〟を別名、〝蛤御門の変〟と日本史の授業で学んできたことでも理解できよう。

来島又兵衛は執念で、蛤御門の一角に取りついた。

「よし、もう一息じゃ」

全身に返り血を浴びた彼が馬上、采配をふりあげた刹那《せつな》であった。

「チェストーッ！」

猿叫《えんきょう》のようなものと共に、新手が長州軍へ殺到した。

薩摩藩兵が間一髪、蛤御門へ到着したのである。彼らは隊列を乱し、全員が抜け駆けするように、白刃をかざして突っこんできた。

事実をいえば、薩摩藩兵の主力は嵯峨方面の長州軍を追い落とすため、一部の御門守備をのこして、この日の未明、天龍寺をめざして出撃を開始していた。

隊列が四条通を経て烏丸通へ出た頃、御所の方角から砲声が聞こえた。

薩摩の軍制は、戦国時代そのまま——つまり、抜け駈け功名も結果次第では認められた。現に御所に近づくや、藩兵たちは思い思いに散開して、勝手に戦闘に突入している。

「チェストーッ！」

人一倍大きな声で長州兵に打ちかかり、薙ぎ倒したのは中村半次郎と川路正之進の二人であった。川路はここぞとばかりに、豪剣を振りまわした。

殺到する野獣の群れのような薩軍を目《ま》の当たりにして、

「薩賊じゃーッ」

さしもの長州軍に、緊張が走った。

関ヶ原の伝説にきく島津の軍団は、とてつもなく強いと語り継がれていた。

〝不敗の地歩〟（日本最強の自負）を持つという。〝島津の退《の》き口《くち》〟として有名な、敵陣（徳川本陣）への突撃戦法〝穿《うが》ち抜き〟は、戦い前の薩軍千人を退却時に三百人まで減らし、国許の鹿児島へ帰りついたもの五十余名の神話を生んだ。

川路、剣客・篠原秀太郎を倒す

はたして、実際はどうなのか。砲撃の下をくぐりながら、川路はこの千載一遇の機会に功名を立てられなければ、先はない、と心に断じて突撃した。

事実、この乱戦の中で川路は二つも功名を拾っている。

一つは前章ですでに述べた、敵将の来島又兵衛狙撃の軍功。川路を語った小説本の中には、このおり川路自身が銃を撃ったとふくらませて述べたものもあるが、『忠正公勤王事績』には撃つことを主張したことのみ、記されていた。身分を考えれば、本来は荷駄の周囲にいたはずの川路が、抜け駈け功名で、白刃を翳《かざ》して最前線へ飛び込んだとみるべきであろう。

彼は必死に白刃を振りまわした。このおりに川路が使用した愛刀は、その後、巡りめぐって「東京警視庁」に所蔵、長く保存され、現在も「警視庁」の二階に展示されている。

刀の銘は表に「於江都雲州藩高橋長信作」とあり、裏には「安政五年二月吉日」と刻んであった。二尺七寸四分、反りは少なめだが身幅は十分である。

しかも、この刀には二十数ヵ所の刃こぼれがあった。鐔《つば》は部厚い実践本位の鉄製である。鞘は黒漆塗りで返角《かえりづの》欠損、下緒付茶《さげおつけ》と灰色のまだら編み。柄《つか》は底地に鮫《さめ》皮、柄巻糸は黒色で一部くち切れとなっていた。

私事ながら、筆者も古流を少し使うが、小柄な筆者の差料《さしりょう》は二尺一寸五分でしかない。

実用本位で二尺七寸四分の刀身、目方もかなりなものを扱えたというのは、それ自体、やはり川路が体格、体力にめぐまれていたことを物語っていた。

いま一つ、川路は敵将・国司信濃の家来で、剣の達者・篠原秀太郎（忠孝）を激闘のすえに討ち取っていた。

篠原はよほどの、使い手であったようだ。とくに醍醐邸前での激戦では、なみいる会津、桑名の両藩兵を完全軍装の上から太刀を見舞って、次々に死人の山を築いたという。

この篠原が、突撃してきた薩摩藩兵を迎え討った。目前に薩摩藩士・川上助八郎がいた。これ幸いと斬り伏せようとしたとき、川路が横合いからおどり出て、

「そん勝負ば譲ってほしかァ」

血刃をトンボに構えて、二人の間へ割って入った。

猿叫しつつ、必殺の太刀を連発して打ち込む川路。篠原はそれを懸命に受け、かわすが、ついには受けをすべらせて、眉先を大きく斬り込まれてしまった。川路は止《とど》めも刺している。

ついでながら、川路が生命を助けた川上助八郎の娘が、薩摩藩士・松方正義（のちに総理大臣）に嫁ぎ、生まれたのが、親日派の駐日アメリカ大使ライシャワーの夫人ハルであった。

来島又兵衛の落馬、それに続く自刃と、剣客・篠原秀太郎を倒したのと、いずれが先かあ

とか。嵯峨方面の長州軍はまもなく敗走、潰滅。残る家老の益田右衛門介率いる山崎方面の長州勢は、味方が潰走した直後に戦場へ到着した。

三軍一斉の突入――当初の計画が予定通りにおこなわれていたならば、あるいは局面は多少なりともかわったかもしれない。だが、歴史は非情にも、幕軍＝薩摩と会津を主力にした連合軍をもって、長州軍を各個撃破させていく。戦いはおわった。

敗れた長州藩は朝敵となり、勝った薩摩藩は再び京都をその影響下に置くことができた。

この戦いのあと、幼なじみでもある山下房親《ふさちか》（のち西南戦争に出征、左足を失い「典獄《てんごく》」＝刑務所長となる）が、鋸《のこぎり》のささくれのような刃こぼれの激しい川路の刀を見て、

「よくこいで斬れ申したな」

と驚嘆して尋ねた逸話が残っている。川路は笑いながら、

「イヤ鎧《よろい》の縫糸が斬れたばかりだ」

と答えた。山下が重ねて、なぜ、突かなかったのか、その方が殺傷能力が高かったであろう、と反問すると、川路は重ねて次のように答えたという。

「川中島の合戦で、名将上杉謙信も突くことを忘れて振りかぶったではなかか。火花を散らして戦う時などは、そんなことに気付くもんか、仕方がなかったので打ち倒したわ」

戦後、川路は薩軍の総大将・島津備後《びんご》（久光の三男・重富一万四千六十石の当主・珍彦《しずひこ》）より、新納《にいろ》休右衛門（久仰《ひさのり》・久光の補佐）を通じて新しい刀をもらったという。この意義は大きい。川路はこの時点で刀を腰に差すことを、公に認められたことになる。つまり、卒族の身分を越えたわけだ。もうこれからは、周囲に気兼ねせずに太刀を腰にできるのである。

さらに、新しい名刀一振を腰にして喜びを嚙みしめていた川路に、それ以上の喜ばしいことが起きた。すでに〝国父〟の久光を越える人望、影響力を藩内に持つにいたった西郷に、その存在を知ってもらえたのである。

第一次長州征伐と川路の江戸見聞

西郷は、川路の勇猛果敢な働きに対して、論功行賞をしてやりたかったようだ。

わざわざ本営に呼び出して、

「正どんなァ、なんぞ願いごっはなかか――」

親しみを込めて尋ねた。

川路は身分柄、土下座をしつつ、薩摩の儀礼として謙遜の意を表し、口は開かない。

「何かありもはんか？　遠慮のォ、いってたもんせ」

重ねて西郷が問うと、同じような巨体と裏腹に、消え入るような声で川路はただ一言、

「おいは……、おいは学問がしたかでござります」

ようやく思いの丈を口にした。西郷は大きな瞳を見開いてうなずくと、うむ、そいはよか、と受け負い、そこで一呼吸おいて、

「そいにしても、正どんの声は女《おなご》が如《ご》たる」

川路の様子をからかった。周囲がどっとわいた。

一緒になって川路も破顔したが、いつしかその頰には大粒の涙が流れていた。三十一歳にして、川路ははじめて己れの志の一端をのべることができたのである。

西郷は大久保などと相談のうえ、川路を江戸にいかせることにした。

洋式練兵と太鼓術の研究を名目に、幕臣・関口鉄之助の私塾へ入門させている。四年後に戦火を交えることになる幕府と薩摩藩は、この時期、意外なほどの蜜月関係にあった。

西郷は次の展開を読んでいた。攻勢の波にのる幕府は、つづいて第一次長州征伐を計画、発布する。長州は討ちこぼつべきか、否か。

幕府が右顧左眄《うこさべん》しているころ、長州藩の国許にはイギリス・フランス・オランダ・アメリカからなる四ヵ国連合艦隊が来襲。馬関を襲い、砲撃して砲台を占領する事件が起きた。

八月五、六日のことである。前年、馬関海峡を通過しようとした外国船を、長州藩が砲撃、攘夷を実行して発砲したことへの報復処置であった。

長州藩は幕末を通じて最も元気旺盛な藩であったが、文久の政変―禁門の変―第一次長州征討発布―下関攘夷戦争（馬関戦争）とつづく政争・戦闘のなかで、また、このあと行われる幕府の第一次、第二次の長州征伐で、有為《ゆうい》な人材を多数失ってしまう。

西郷は幕府の強権が増大することを内心、恐れていた。それゆえ、この先、長州との間が修復不可能となることを懸念《けねん》し、朝廷に建言して、直ちに長州藩を攻めるのは武士として潔《いさぎよ》しとしない旨、内外へアピールすることも忘れなかった。

加えて、幕府軍艦奉行の勝義邦（海舟・四十二歳）に会い、いまの日本を救うには、天下に賢明を知られる諸侯が京都に集い、幕府の主導を許さない政体を創る以外にない、との助言を聞き、大いに悟る。

西郷は大久保と相談のうえ、禁門の変の後、長州藩内に起きた内部分裂を利用し、出撃してきた三家老――福原越後、国司信濃、益田右衛門介――を切腹させ、四人の参謀を死罪、〝七卿〟のうち生き残っている三条実美ら五卿を筑前へ移転させることで、妥協的に長州問題を片づけた。

こうして慶応元年（一八六五）正月、第一次長州征伐は戦端を開かぬうちに落着をみる。

この頃、川路は江戸にあったが、その滞在は一ヵ年に満たないものであったろう。

洋式練兵と太鼓術の習得という本来の目的は、約一年前、薩英戦争のあと、黒田了介（のち清隆）、大山弥助（のち巌）ら西郷の側近十名が江戸の名門・江川塾へ遊学し、大砲の製造、操練を学んだおりの日数＝約半年から考えても、さほど長いものであったとは思えない。

川路は前年の文久三年（一八六三）三月八日、西小十郎という人の三女・澤《さわ》を娶《めと》っている。弘化二年（一八四五）の生まれというから、川路より十一歳の年下であった。〝禁門の変〟における川路のがんばりも、あるいはこの新妻への発奮もあったかもしれない。

余談ながら、岳父の西小十郎は養子で、その実家は川畑家であった。

この川畑家から、川路より八歳年下の種長《たねなが》が出る。のちに銀座を管轄する築地警察署の初代署長となり、「大警部」として西南戦争の警視庁抜刀隊に参加。戦後には、東京消防庁の消防部長＝消防本署長を二度も歴任した。

いずれにせよ、数ヵ月の江戸遊学は、川路の生涯において、唯一の無名の〝青春時代〟といえるものであった。洋式歩兵の教練をうけながら、川路は寸刻をおしんで江戸をほっつき歩いた。いつも手帳をふところにおしこみ、江戸人の生活ぶりを細大もらさずに書き止めている。また、気がむけば撃剣道場も訪れた。

北辰一刀流の千葉周作の門に入って、剣術の奥義を受けた、と川路伝などに述べられているのも、この時期のことであろう。もっとも、一代の剣客・千葉周作は安政二年（一八五五）十二月十日にこの世を去っている（享年六十二）。おそらく川路は、周作門下の道場を訪問し、北辰一刀流に親しく接したのであろう。

〝警視流〟と川路レポート

川路は巧緻に組み立てられた剣術の型が性格的に好きであり、それを防具着用の上でためし、多彩な技を実践する江戸風の剣術に、一種のあこがれすら抱いていた。彼は剣のもつ高《こう》邁《まい》な理想や人間形成といった目的について、この頃すでに独自の見解を持っていたようだ。

その証左に川路は、明治に入って文明開化の中を廃れ、まさに滅びんとする日本の剣術全流派を救い、日本剣道として――あるいは、〝警視流〟として――再興する大恩人となるのだが、筆者はこの江戸滞在の間に、その種子がまかれたのではないか、と考えている。

ちなみに、文明開化の中、時勢にあらがうように古流の名門各派から持ちよられた「警視流木太刀形」は、当時の最高の技法が集められていた、といっても過言ではなかった。

第一、八相《はっそう》（直心影流）・第二、変化（鞍馬流）・第三、八天切《はってんぎり》（堤宝山流）・第四、巻落《まきおとし》（立身流）・第五、下段の突《つき》（北辰一刀流）・第六、阿吽《あうん》（浅山一伝流）・第七、一二《いちに》の太刀（示現流）・第八、打落《うちおとし》（神道無念流）・第九、破折《はおれ》（柳生流）・第十、位詰《くらいづめ》（鏡心明智流）――犯人逮捕という生命懸けの、警察官の職務に適《かな》うように選ばれた形＝技法は、その後の日本剣道全般にも多大な影響を与えた。

一方、川路は江戸人の日常生活をひきもきらず、書簡にして西郷のもとへ送った。物価のこと、治安のこと、庶民の間での流行など。手あたりしだいに興味をもったものを調べ、自らの私見も加えて書きおくったのだが、第一次長州征伐の中心にあった西郷は、超多忙な中、それでもこの川路レポートを読み、自らの参考にしたようだ。

川路の手紙は幕府の儒者《だしゃ》（ひきょう者、おくびょう者）をはげしく攻撃するのみならず、自身が江戸町奉行ならどういう手を打つか、との私見まで述べられていた。川路は、定められた法の厳正な適用、町方の道徳心の向上以外に、風紀を正す方法はないとも述べている。

（じつに、これは――）

と、西郷や大久保は感心した。これほど雑多なテーマを各々明晰に、しかも詳細に報告したものを読んだことがない、と大久保は思った。また、自分が川路と同じ立場で報告書を書けばどうなったか、とも考えた。おそらく内容の中心は、江戸の政局の動きとなり、老中以下の江戸留守幕閣の動静分析が主となったにちがいない。が、川路の主眼は出身の卒族＝与力という身分、役職を反映してか、目線が自然と庶民に向いていた。

西郷、大久保から川路の書簡をみせられた吉井幸輔（のちの友実《ともざね》）は、

「こいはどげな男でごわんな?」

と、首をひねりつつ大久保にたずねた。大久保の返答については前章で述べた通りである。刑名家＝法家の徒だ、との解釈がそれであった。

しかし、尋ねた吉井にすれば、

（なんを偉そうな、儀《ぎ》をいうか——）

と、不機嫌な思いもあったようだ。薩摩一藩を代表したような——薩摩における物頭クラス、町奉行になったつもりで——こういうもののいい方、意見をするのはけしからん、足軽同然の賤士の分際が、藩の代表のつもりでおっては薩摩藩が泣くわい、とすら愚痴《ぐち》った。

西郷はといえば、川路の人柄について何一つ語っていない。動乱の中にあって庶民の生活を守る町奉行所の役割にまでは、正直、思いいたらなかったというのが実情であったろう。

川路が江戸から書き送ったとされる報告書は、その後、散逸してしまったようだが、当時

の江戸市政については今日、多くのことが明らかになっている。

のちの「東京警視庁」と比較する意味合いも含め、幕藩体制下の江戸町奉行所について、若干の整理をしておきたい。

江戸町奉行の誕生

江戸市中の民政全般——行政・司法・警察に関する一切を執行する江戸町奉行の役割は、さかのぼれば武家政権の発祥、鎌倉幕府にも存在した。

その頃は、「検断奉行」「地《じ》奉行」などと呼ばれている。

蛇足ながら、この〝奉行〟というのは、上命を奉じてこれを下に行うとの字義で、徳川でも源氏（北条氏）でも、将軍の命を奉じて代理執行するのが〝奉行〟であった。

つづく室町幕府ではなぜか、市政の取り締まりに〝奉行〟を使わせず、「地方頭人《じかたとうにん》」「検断職」などと称した。戦国時代に入ると、各大名家に城下を治める奉行職が出現する。

徳川家では家康が岡崎を領している頃、〝岡崎三奉行〟——本多作左衛門重次、天野三郎兵衛康景、高力与左衛門清長——が任命された記録があった。

本格化したのは天正十八年（一五九〇）八月に、家康が江戸入りをはたしてからのこと。

関東代官・板倉四郎左衛門勝重に、江戸町奉行を兼任させた。板倉は地理に明るい地侍を属僚として、新興都市・江戸の治安維持にあたった。

その後、数代は関東代官（または関東惣奉行）と兼任の町奉行がつづき、はじめて専任となったのは、慶長九年（一六〇四）のことである。四年前、〝天下分け目〟の関ヶ原の戦いがくりひろげられ、天下を取った家康は前年（一六〇三）、征夷大将軍となっていた。

専任の江戸町奉行は、江戸の民政一般を司《つかさど》り、庶民の訴訟を受けつけ、判決を下し、治安警察を担当。市中の非違を摘発し、刑名を定めて罪人を裁き罰した。

加えて、宿次《しゅくつぎ》の馬や人夫＝駅伝の監督までやっている。今日でいえば、警視総監と警察庁長官、東京都知事、地方裁判所の長官、東京消防庁の長官、東京駅の駅長、東京中央郵便局の局長、あるいは経済企画庁長官をも兼任したような広汎《こうはん》な職務を担当した。

江戸町奉行の職責が定まってくるのは、ちょうど明治維新後、警視庁が明治七年（一八七四）一月十五日になって誕生する経緯とよく似ていた。一つの治安組織ができあがるには、それ相応のプロセスが必要不可欠であったようだ。

名誉ある専任の江戸町奉行第一号は、米津勘兵衛《よねきつかんべえ》田政《たまさ》と土屋権左衛門重成《しげなり》の二人――この役人複数制は、江戸幕府機構の最大の特徴であったといわれている。

独裁や独善をふせぎ、双互に競わせ、監視・牽制《けんせい》させるためのシステムといわれてきたが、いかなる組織もそうだが、長所は短所に通じるもののようだ。

ものごとを即決できない。根回し重視のスローな組織運営が、いつしか日常化してしまった。幕府は市政に関して町年寄、地主、名主といった自治機関を別途もうけており、今日の都庁に相当する町年寄、町会の事務を担当した名主などは各々、横の連絡網を持っていた。

名主、ついで月行事《がちぎょうじ》（五人組の頭）、五人組、家主（地主から給料をもらって宅地を管理する者）——この四者を総称して〝町役人《ちょうやくにん》〟と呼び、彼らが事実上、江戸市政を司《つかさど》ったため、何事においても迅速に動けない町奉行所をカバーしていたともいえる。

余談ながら、栄《は》えある町奉行第一号の米津勘兵衛は、こと拷問《ごうもん》に関して、後世にその名を残した。江戸時代の裁判は原則として、自白裁判であった。

つまり、「恐れ入りました」といわないかぎり、裁判はおわらなかったわけだ。とりわけ、死罪以上の重罪である場合、自白は不可欠であり、いきおい拷問がおこなわれた。

一般に拷問と呼ばれるものには、厳密にいえば責問《せきもん》と拷問の二種があった。

責問は笞打《むちうち》、石抱《いしだき》、海老責《えびぜめ》の三種をいい、拷問は釣責《つりせめ》（細引で腕を背へ縛り、縄で釣り下げる。次第に縄が肉に喰い込み、血が下部へ流れて苦しんだ）の一種のみ。

責問は町奉行の権限でやれたが、拷問は老中の許可を必要とした。

町奉行の一存で、勝手に拷問はできなかった。町奉行も幕府の官僚である。これから先の出世もあり、老中に伺いをたてる拷問はあまりおこなわれなかった。

なぜならば、拷問を必要とするということは、「よほど、この町奉行は腕が悪い」と老中に判断されかねなかったからで、嫌疑者の人体に傷がつく拷問を加えるというのは、見方によっては奉行の黒星に数えられ、出世に響いたのである。

しかし、なかにはどうしようもない極悪非道な嫌疑者もいる。責問ぐらいでは恐れいらず、釣責にかける者も出てくる。が、それでも自白しない者がいた。

拷問は本来、釣責だけではなかった。水責、木馬、火責、駿河問《するがどい》といろいろあったが、武士にとって最もきいたのが〝糞問《くそどい》〟であったという。やり方は水漬けにする〝水責〟と同じだが、漬けるものが糞尿で、仰向けに寝かせた嫌疑者の顔にすこしずつ垂らした。

嫌疑者は口を閉じ、息を止めて、懸命にこれが入ってくるのをふせごうとするが、息を止めるにも限界がある。結局、鼻の穴、口から汚物が流れこむ。

「糞を喰《くら》え」

という江戸っ子の啖呵《たんか》は、この糞問が語源であった。

慶長九年、米津勘兵衛は不良旗本の山中源左衛門を捕《とら》えた。時代はまだ揺籃《ようらん》期で、職域区分がのちほど厳密ではなかったのだろう。町奉行の管轄外であった旗本に対して、勘兵衛はこの糞問にかけるぞ、と一声。すると源左衛門は、

「武士たる者が糞を喰わされて、どうしておめおめ生きておられようか」

そういうなり、己れの悪行をすべて自白したという。勘兵衛にとっては不名誉かもしれないが、この一件、長くこの町奉行の名前を留めることにつながった。

幕臣羨望の的、大岡越前守

町奉行は老中の支配に属し、官位は朝散大夫《ちょうさんのだいぶ》で従五位下、席次は芙蓉間《ふようのま》、禄高は三千石であった（江戸初期には、五千石から一万石の人もめずらしくなかった）。

普段は供《とも》に持たす槍が一本の格式＝〝一本道具〟であったが、大火のときなどは番頭格《ばんがしらかく》として二本の槍を立てて出動した（〝二本道具〟と称す）。

――町奉行の担当地域は、きわめて広域に及んでいる。

江戸開府の頃、江戸城を中心に方二里四方が江戸府内＝市街地であった。

それ以外は関東郡代（職禄二千石）の守備範囲で、配下の代官が各々――武蔵、安房、上

総、下総、上野の諸国を分担した。

代官の地方行政は、領民の紛争和解、訴訟の聴断など、いずれも町奉行の役職と酷似している。が、異なる点が二つあった。一つは租税の徴収を受けもつこと。江戸町奉行所にはこの役目がない。城下の繁栄をはかるため、市街地は元来、地租を原則として徴収しなかった。これに対して、郊外＝府外の田畑には年貢がかけられている。

もう一点の差異は、代官には町奉行所のような警察力がなかったことだ。郡代支配の代官五人に対して同組附が三十人、四十人との記録もある。ところが、江戸に大火が起きるたびに、市街地は伸びていった。人口の増加にともなって、農地へ長屋などが建てられたからだ。

ここは府内ではないから、当然、租税を徴収されたが、ご多分にもれずにこうした新興の地域には、淫売《いんばい》、博奕《ばくち》が派生した。それらを取り締《しま》る力が、代官にはなかったのである。

いきおい、こうした新市街地＝府外も、治安警察力をもつ江戸町奉行の管轄となった。

寛文二年（一六六二）の記録に拠れば、江戸の前面に位置する隅田川を別として、南は高輪、北は坂本、東は今戸橋までを町奉行所の支配地に、さらには正徳三年（一七一三）には深川、本所、浅草、小石川、牛込、市谷、四谷、赤坂、麻布などが町奉行所の管下に移行している。計九百三十三町——この頃、すでに〝八百八町〟を越えていた。

これら府外は一名、〝町並地《まちなみち》〟と称され、代官と町奉行所の双方から支配を受けたが、町奉行所の担当地域が拡大していったことにかわりはなかった。職務はきわめて広域かつ重要であったにしても、官位といい、職禄といい、町奉行は決してめぐまれていたとはいえない。将軍の側衆や武官筆頭の「大番頭」が、泰平の世に何ら具体的な役儀をはたしていなくとも五千石を下らなかったのに比べ、町奉行は「書院番頭」、「小姓組番頭」より下位で、ようやく無役の御家人（御目見《おめみえ》以下の幕臣）を総轄《そうかつ》する「小普請《こぶしん》支配」（三千石）と同列の扱いであった。それでいてこのポストが、幕臣羨望《せんぼう》の的であったというからおもしろい。

なぜか。町奉行は「大目付」、「留守居」といった要職へ昇進するための、出世通過コースであったからだ。それだけに、やり手の秀才官僚がこの地位を目指した。

好例が、大岡越前守忠相《ただすけ》（一六七七～一七五一）であろう。

忠相は二千七百石取りの旗本・大岡忠高《ただたか》の四男に生まれ、十歳のときに一族の大岡忠真《ただざね》の許へ養子に入った。こちらは一千九百二十石。二十四歳で養家の家督を継ぎ、大岡家の当主となった。二十六歳で「御書院番」（江戸城と将軍の警護役）となり、「御徒頭《おかちかしら》」（二十八歳）へ。さらに、「御使番《おつかいばん》」から「目付」となり、「伊勢山田奉行」を経て、四十歳で「御普請奉行」となり、翌年、江戸町奉行に抜擢された。

四十六歳で「関東地方御用掛」を兼任。元文元年（一七三六）に六十歳で「寺社奉行」となるまで十九年間、忠相は町奉行でありつづけた。

その人柄は実直で生真面目、江戸っ子にいかに好かれたかは、『大岡政談』の成立でもうかがえよう。もっとも、〝大警視〟川路利良も熟読した政談の名判決譚《たん》の多くは、中国の裁判記録である『棠陰比事《とういんひじ》』や井原西鶴《さいかく》の『本朝桜陰比事《ほんちょうおういんひじ》』に出ていたものを、面白おかしく作り替えたもので、すべてつくり話といってよい。

ただ、次のような問答が、今日まで伝えられている。

ある時、八代将軍・徳川吉宗が忠相に質問をしたことがあった。

「その方、これまで町奉行として、何人、人を殺《あや》めたか？」

この突然の問いかけに、忠相は即座に答えた。

「二人でございます」

吉宗はこれを冗談と受けとったようで、実際はその何十倍じゃ、と水をむけると、忠相は姿勢を正し、

「いえ、本当のことにございます。確かにそれがしは多数のものを刑場に送りましたが、それはその者の犯した罪に対してのことです。それがしが手にかけたわけではございませぬ」

彼はいう。二人の者を殺めたというのは、一人は厳しい詮議のために偽りの自白をおこない、死罪を申し渡した後で、真の下手人が判明したもの。もう一人は、死罪を申し渡すほどの罪はなかったものを、詮議の最中に牢死させてしまったこと。

この二人のことを思うと、いまでも不憫《ふびん》でなりませぬ、と。

大岡忠相という人物の人柄が、出ているように思われるのだが、いかがであろうか。

奉行所の変遷と「支配違い」について

――なおも筆者は、川路不在の、江戸期における町奉行所の動きを追っている。

明治の警察機構とそれ以前のものがどう違っていたのか、明らかにせねばならないからだ。

いささか前後するが、江戸町奉行所は寛永八年（一六三一）十月、南町奉行に堀式部少輔直之が、北町奉行に加々爪民部少輔忠澄が選ばれ、南町は呉服橋《ごふくばし》内（現・大手町二丁目）、北町は常盤橋《ときわばし》内（現・大手町二丁目）と銭瓶橋《ぜにがめばし》を挟んで、南北に対峙《たいじ》。毎月〝月番〟を交代するシステムを採用していた。これは、明治の警視庁には受け継がれなかった。

月番にあたる町奉行所は表門を八文字に開き、その月の新しい公事訴訟《くじそしょう》を受けつける。非番の方は大門を閉じ、潜戸《くぐり》のみをあけていた。もっとも、非番だから休んでいたのかといえば、そうではない。月番のおりに受理した事件の、整理と処理にあたっていた。

実際、重大訴訟は双方で協議したし、刑事事件には月番、非番の区別はなかった。

読者諸氏の中には江戸町奉行といえば、この南町と北町の二つだけ、と思い込んでいる方も多いようだが、元禄十五年（一七〇二）には鍛冶《かじ》橋内（現・東京駅八重洲口構内左側）に中町奉行所ができ、初代奉行には丹羽遠江守長守が任命されて、享保四年（一七一九）までの十七年間、三町奉行所が江戸には存在していた。

町奉行一人に与力が二十五騎、同心が百二十人の体制が江戸期後半の常態であった。

つまり、江戸の治安は先ほどの町役人を除くと、百四十五人×三奉行所＝四百三十五人で守られていたことになる。この三奉行所体制は、宝永四年（一七〇七）に北町奉行所が常盤橋内から数寄屋橋《すきやばし》へ移転したことで、少しずつかわっていく。

ややこしいが、この北町奉行所が享保四年に南町奉行所に変身するのである。

二年前、中町奉行所が鍛冶橋内から転出して常盤橋内に移転した。

このため三奉行所は、名称に不都合が生じてしまう。享保二年時点で、一番北に位置したのが中町奉行所で、次が南町奉行所、一番南が北町奉行所となってしまった。

そこで鍛冶橋内の南町奉行所を廃止して、北方の中町奉行所を北町奉行所に改名、数寄屋橋内の北町奉行所を南町奉行所と改称したのである。すなわち、先にみた大岡越前守忠相は、当初は北町奉行でその後、南町奉行になったことになる。

また、常盤橋内の、新北町奉行所は文化三年（一八〇六）には呉服橋内——当初、南町奉行所があった南隣——へ移り、以降、維新までここにありつづけた。

なお、廃された町奉行所の与力四騎、同心十四人は改めて南北町奉行所へ配属となり、残りの者は御先手組へと編入になった。この時点で、与力二十五騎、同心百人の体制ができ、延享二年（一七四五）に定員を増やして、同心各百二十人となり、幕末に十八名ずつを同心で追加するまで、この人数は動いていない。

南北に再編成された町奉行の経費は、あわせて二千両（経常費用）とされ、この他に御用部屋入用金（機密費）などが出た。

それにしてもわずかな人数で、よくも江戸全域をカバーできたものだ、と読者諸氏は感心されるかもしれない。が、江戸町奉行所の権限が及ぶ面積は、江戸全体の二十パーセントでしかなかった。江戸には武家地（旗本・御家人や大名の屋敷）が六十パーセントあり、寺社地が二十パーセント、これらはともに町奉行の管轄外であり、その職権がとどかなかった。

旗本・御家人は各々の組頭に支配されており、各藩士は藩主に、寺社の僧・神職は寺社奉行がその支配下としていた。

先にみた〝禁門の変〟により、朝敵となった長州藩士は、少数ながら京都の長州藩邸内にいた。が、彼らは囲まれた幕府方の軍勢に攻め込まれることはなかった。なぜならば、あのような非常時においても、今日でいう外交官特権のようなものは生きていたからである。

この徳川幕府の支配体制が崩れるのは、大政奉還ののち、慶応三年（一八六七）十二月におこなわれた、江戸は三田の薩摩屋敷焼打ちの一挙からであった（詳しくは後述）。

徳川の泰平時代にあって、万一、町奉行所が武家地や寺社地にでも踏み込もうものなら、「支配違い」と呼ばれ、踏み込んだ与力や同心はもとより、上司の町奉行もただではすまなかった。厳格な身分制度によってピラミッド型に構築された幕藩体制では、身分を犯すという行為は、何ものにもまして厳しく処断された。したがって、武家地―寺社地―町地の間を横断して、たとえば犯罪者を検挙するなどというのは、事実上、不可能であった。

川路がみた江戸の町奉行所がまどろこしくみえたのは、一つにはこの制度のためであったといえる。幕藩体制＝封建制は、犯罪においても身分別の、格段のルールがあった。

町奉行、与力の実像

さて、奉行所のトップに立つ町奉行の一日だが、毎朝、〝月番〟のおりは朝四ツ（午前十時）には江戸城へ登城しなければならなかった。

幕閣との打ち合わせがあり、退城するのは八ツ（午後二時）より早くにはならなかったという。役宅＝奉行所に戻って、それから使える時間はせいぜい、五時間程度。

この間に訴訟の処理をやり、〝御白洲《おしらす》〟での取りしらべも一つの事件につき、最低でも二度や三度はやらなければならない。目が回るような忙しさの中で、町奉行は事件にのみ専念もならず、幕府の最高意志決定機関である評定所へも構成メンバーとして、定められた日時には列席しなければならなかった。この評定所は、〝月番〟と非番を問わない。

また、山積する案件の中には、南北両町奉行所が合同であたらねばならない〝山〟もあった。そのため毎月九日、十八日、二十七日の三日は、〝内寄合〟と称して、〝月番〟の役宅へ非番の奉行が出向き、事務の打ち合わせもおこなっていた。

よくこれほどの過密スケジュールを、代々の町奉行たちはこなせたものだ、と感心するが、これを可能にするためには、いかに要領よく、機敏に、臨機応変の判断が下せるか、といった奉行の個人的な資質に加え、有能なスタッフが不可欠であった。

町奉行のスケジュールの調整、今日でいう秘書の役割は、内与力《うちよりき》・目安方《めやすかた》らの職務であった。内与力は従来、奉行の家来をもちい、あるいはもの馴《な》れた者を家来に雇い入れて内与力に任命した。南北各々に三人ずつ定員があった。これに次ぐ者として、目安方という訴状《そじょう》掛《がかり》が各々二人。併せて五人は、与力二十五騎に含まれたから、奉行所づきの与力は結局、二十騎ということになる。他に用人というのがあったが、これは奉行のプライベートな秘書で、身分は与力の下、同心の上といったところであった。

内与力や目安方が、事前に訴状などをよく吟味し、できるかぎり奉行の負担を軽減するように工夫した。念を押すようだが、奉行個人につくのは内与力と目安方のみ。

奉行所の与力・同心は、奉行個人には奉仕しない。彼らは形式上、一代抱えとなっていたが、事実上は世襲であり、奉行所に代々忠誠を尽くしてきた特殊技能集団であった。そのため奉行が個人的（私的）な用事を命じても、与力・同心はそれにしたがわなかったという。

前章の川路の出生についてふれたおり、「与力」という身分がひっかかった。その名称と役割が、薩摩藩の中でしっくりこなかったからだ。

幕藩体制が一面、幕府の制度を諸藩がまねして築いたものであるならば、江戸町奉行配下の与力に、薩摩藩町奉行支配下の与力へつながる、何かがなければならない、との理屈が生じた。以下、まずは江戸町奉行所の与力についてふれたい。

のちの警察機構を思い浮かべて、比較するのも一興《いっきょう》であろう。

与力は法規上、上下役《かみしもやく》で御抱席《おかかえせき》であり、一代限りの採用ということになっている。

上下役というのは、御目見以下の下級直参＝御家人の一種で、出勤時の服装が四種類あるうちの一つ。上下を着けて出仕するので、下級直参の中では一番位が高かった。もっとも、先にみた〝禁門の変〟頃から、江戸の町奉行所与力は羽織袴の出立《いでたち》になっている。

御抱席は採用の等級――三段階ある中で一番、幕府に縁の薄い身分といえた。

本来なら、本人が死ねば縁は切れるのだが、実際は息子が十三、四歳になれば与力見習に出し、親が死んだ時点で新規召し抱えの形式を踏んだ。事実上は、世襲である。

――ここで注意せねばならない点があった。町方与力は役柄の高い割りには、身分が低かった点だ。禄高は旗本とかわらないのに、身分上は御家人に属している。

ちなみに、将軍にお目通りのできる旗本は二百石以上、御目見以下が御家人となる。

士官と下士官の区分を考えれば、わかりやすいかもしれない。

町方与力は二百石取りであるから、旗本の資格をもっている。その証左に与力は一騎、二騎と数える馬上の士を意味していた。しかし、将軍には拝謁《はいえつ》がかなわない。

軍隊ならばさしずめ准尉《じゅんい》（准士官）程度、同心は伍長ほどであったろうか。なぜ、こんな奇妙な階級になったのか。答えは明らかである。彼らが〝不浄役人《ふじょう》〟であったからだ。犯罪者を捕え、収監し、取り調べ、処刑するといった役割は、江戸時代、まともな武士のすることではない、と決めつけられていた。

武士は武士らしく戦場で、武士を相手に尋常の勝負をするものだ、との思い込みが武士道への普及に応じて広まった。自分より身分の低い、卑しい者とかかわらぬところに、武士の誇りがあったといってもよい。その武士でありながら与力は、そのタブーを職業としている。そのため将軍に謁見を乞うこともできなければ、幕府機構での昇進、栄転もなかった。

同心、中間、小者と「御定書百箇条」

戦国時代、徳川家の足軽であったもの＝卒族の一部が、家康の天下取りによって同心身分を得た。一代きりの御抱席で、羽織袴勤め。三十俵二人扶持で、抜群の手がらをたてれば与力への格上げはあったものの、これは異例のこと。

転役、転勤は本来なく、出世もおぼつかなかった。

この同心が市中を巡邏するおり従えていたのが中間《ちゅうげん》、小者（岡《おか》っ引《ぴき》などの手先を含む）であった。中間は奉行所の公式の人員であり、千種《ちぐさ》の股引《ももひき》をはき、黒の脚絆《きゃはん》をつけて毎日、御用箱を担いで奉行所へ。給金は年三両。南北に、三百五十人の中間がいたという。

この中間に対して小者というのは、十手捕縄に熟練した下働きの者をいい、月一両から二両二分ほどの手当であった。

ちなみに、岡っ引の字義は、横合いから引っぱるの意。岡場所というのが正規の遊里でないことや、岡惚《おかぼ》れが勝手に横から惚れるのと同様に、〝本引〟である同心にかわって、犯罪者を逮捕するところから、この呼び名が生まれたようだ。

ついでながら、小者＝岡っ引の持つ十手には房がない。朱房の十手は与力・同心だけのもの。横合いの岡っ引には認められていなかった。

同心の手先としての岡っ引、さらにその子分の下っ引——彼らの多くは前科持ち、もと罪人であったものを許し、悪事の密告、密偵をつとめさせ、検挙にも参加できるようにした。岡っ引の多くは、銭湯や小料理屋などを女房の名儀で経営しており、子飼いの子分・下っ引をそのあがりで養っていた。

同心一人に岡っ引は二、三人。その下っ引が各々七、八人といった構成である。

彼ら小者や手先は、身を粉にして働いてもそれに見合うだけのお金はもらっていない。なのになぜ、同心の下働きを、子分を養ってまでしていたのか。幕末には、お手当なしにもなっているのに——。

本当のところ、彼らの目的は同心が出してくれる「手札」（身分証明書）にあった。これをもちいて町家から金品を捲《ま》き上げたのである。縄張内の見世物や淫売屋、料理屋をこまめにまわれば、それだけで小遣いが稼げた。三日やればやめられなかった、に違いない。

川路は実際に小者や岡っ引のこうした卑劣な活動を目の当たりにしたであろうが、幕末、政局の不安定をよいことに、岡っ引が江戸で急増した。

文久二年（一八六二）というから、川路がはじめて江戸の土を踏んだこの年の十一月、幕閣は町奉行所に対して岡っ引の廃止を命じている。が、長年つもった弊害は、すぐさま改まるわけでもなかった。ざっと五百人の岡っ引を擁して、幕府は瓦解することになる。

その後始末を、川路はやることになるのだが、それはまだ先のこと——。

余談ながら、大岡越前守を登用した八代将軍・徳川吉宗は、この〝手先《てさき》〟が道義上、どうにも許せなかった。三度も禁止令を出し、真剣に根絶をはかっている。

ちなみに、吉宗の頃まで手先は〝目明《めあか》し〟と称されていた（ほかに首代《くびだい》、口問《くちどい》、御用聞《ごようきき》）。表向き吉宗の治世で消滅したことにするため、以後、呼び名が〝岡っ引〟にかわったという。

〝目明し〟の頃、主流は罪人やならず者であったが、〝岡っ引〟になるとこれに博徒が加わった。彼らは普段から十手の練習をつんでおり、同心とつれだって歩く時だけ許された十手に似せたもの、捕縄で、犯人逮捕の実務を負った。

どうやら薩摩藩の「与力」は、字義《じぎ》の「加勢」「助力」の意味合いを、卒族に持たせたもの、と理解するのが正しいように思われる。

市中で乱暴狼藉をはたらいているものが出ると、通常は与力一人に同心が三人、各々従者＝小者数人をしたがえて出動した。与力は検使《けんし》といって、通常は捕物には参加しない。同心が捕方を指揮して犯人を取り押えたが、同心は当然のごとく、腕に覚えがなければならなかった。が、ときに犯人の方が腕の立つ場合がある。こうしたときは、馬上で槍を持つ与力が犯人を翻弄《ほんろう》し、疲れさせたところを同心が縄を打った。

従者の捕方が目潰し（灰や砂）を使うこともあり、〝棒ずくめ〟といって、手にしている棒を立てて相手を取りかこんだり、あるいは梯子《はしご》をつかって押え込む捕方の技法もあった。

捕えた犯罪者は、江戸の刑法「御定書百箇条《おさだめがきひゃっかじょう》」（公事方御定書《くじかたおさだめがき》）の規定に即して裁かれた。のちに、明治政府も参考にした法典である。たとえば、
一、親殺　引廻の上磔《うえ》
一、火を付候もの　火罪

一、軽き盗《ぬすみ》いたし候もの　敲《たたき》

といった具合で、俗に十両盗めば死罪というのも、「御定書百箇条」に明記されていた。

また、窃盗の前科二犯は、三度目には金額にかかわらず死罪となった。泥棒にことのほか厳しかったのも、江戸期の刑法上の特徴といえようか。打首や獄門、磔などは明治にも持ち越されている。

〝八丁堀〟の実体

ところで、与力・同心の日常生活はどうなっていたのだろうか。

出勤時間は、町奉行の登城と同じ四ツ時（午前十時）――。

八丁堀から各々、出勤して来るのだが、与力は上下《かみしも》姿に雪駄《せった》ばき。若党一人をつれ、これに御用箱＝挟箱を持たせている。この中には、奉行の下知一つで臨機応変の対処ができるように、といくつもの衣服が入れられていた。

ただし、川路が江戸の町ですれちがった与力は、羽織袴姿で出勤していたはずだ。文久年間に服装が改められ、洗練された着こなしをしていた（白洲では上下をつけた）。

同心も与力と競うように服装に凝った。正規の服装は羽織袴の出立であったが、どういうわけか町方の同心は袴をはかなかった。折り目正しい武士の生活では、袴をつけぬこと自体、他人に対しては非礼であり、自身に向けては自堕落《じだらく》というもの。

本来は、今日風にいえばズボンをはかずに、ステテコ姿で外出するようなもの。

一般には犯罪者を逮捕するおりに、袴がじゃまになったから、という。

そういえば、明治の角袖の巡査も、袴は着用していない。

蛇足ながら、与力は朱房の十手を佩刀と並べて前差しにし、同心は十手を前から見えないように後差しにしていた。与力の初任給は百六十石、加増されて前述の二百石までいった。古参で同心支配役にでもなれば三十石増しの二百三十石、このあたりが上限であったろうか。

いまかりに、二百石とする。これは取れ高であり、四公六民で差し引けば、与力の手取り（定収）は八十石。これを白米に精製すれば、だいたい六十四石程度。この六十四石が、一年間の正味の収入であったわけだ。一石一両として六十四両。一両をかりに五万円とおけば、三百二十万円の年収となる。とても高額収入とはいえない（同心は年収六十万円程度となる）。

——それにしては、与力の生活は内実豊かであった。

与力の拝領していた屋敷は、坪三百坪（同心は百坪）。与力は自分の屋敷の門を旗本屋敷と同じ冠木門《かぶきもん》にし、門内には小砂利を敷き詰め、玄関には立派な式台を設けていた。

豪勢といってよい。この現実の落差は、何に由来するのか。ずばり、附届《つけとど》けであった。与力のもとへは参勤交代で江戸に来る大名家から、よろしく頼むといった盆暮の附届けが、代々あったとされている。江戸には諸藩の藩邸もあり、江戸詰藩士も少なくない。

彼らが万一、事件を起こしたり、事件に巻き込まれたりした時、便宜をはかってもらうべく、大名家では江戸留守居役を通じて各々、頼むべき与力を決めていた。

これ以外にも〝役中頼み〟というのがあり、参勤で江戸へ大名が滞在している間、よろしく頼む、と附届けが来るのである。

江戸時代は総じて、贈収賄の意識が低く、義理を欠かさない〝附届け〟はむしろ肯定されていた。そのため受け渡しも、奉行所の表門、玄関を通って、堂々とおこなわれていた。

しかも進物、附届けに対して、与力は受取書を出している。

もっとも、出世も転勤もなく、それでいて金銭的にはめぐまれ、贅を尽し粋を衒《てら》った与力・同心の生活は、幕末に向うにつれて質をおとす結果となった。

かつて、「与力・相撲に火消の頭」と〝江戸三男《さんおとこ》〟の筆頭にあげられ、庶民から仰がれた与力も次第に堕落していく。幕末になると捕物は、もっぱら岡っ引まかせで、与力も同心も皆目、自らに課せられた仕事をしなくなる。

川路が西郷へ送った書状にも、その体たらくぶりは具体的に述べられていたに違いない。
余談ながら、与力・同心の堕落ぶりは、〝八丁堀の七不思議〟にもあげられていた。
金で首が継げる
儒者医者、犬の糞
この二つである。前者は読んで字のごとし。後者は与力や同心が、己れの拝領屋敷や土地を他人に貸して、地代を取っていたことを語っていた。
より多くの金を得ようとする、さもしい根性のあらわれで、本来、違法行為でありながら、皆がぐるになって取りおこなっていた。武家地ゆえ、さすがに町人には貸しにくい。そこで〝法外者〟といわれた身分のはっきりしない医者や儒者を、借り手にしたわけである。
犬の糞はやたらに多い、との譬え——。

「こいは兵家なら、呉起かのォ」

藩士・郷士より、さらに低い卒族の出自——筆者は川路を辱《はずかし》めているのではない。
史実として、なぜ西郷が川路を陸軍ではなく、邏卒《らそつ》（のちの巡査）の長に任じたか、これで納得がいったとともに、身分上の制限を受けつづけてきた川路が、その批判精神を忘却することなく、法律厳守の強直でまじめな〝大警視〟として、「東京警視庁」を創りあげたことを、後世の日本人として、大いに感謝したいのである。

その詳細は後述するとして、刑名家の川路の見方を少し補足しておきたい。

前にみた大久保や吉井の見解とは別に、薩摩藩の西郷の参謀長格・伊地知正治《いじちまさはる》は川路の書簡を一読して、

「こいは兵家なら、呉起かのォ」

と、いったとされる。もし川路をそのように見て取ったとすれば、さすがに伊地知は幕末薩摩藩一の軍略・兵法の達者、といわれただけのことはありそうだ。

〝諸子百家〟については、前章でもふれた。この思想の百花繚乱《りょうらん》の時代＝春秋につづく戦国時代は、中原《ちゅうげん》の晋《しん》が周囲の巨国に囲まれるなかで、趙《ちょう》・魏《ぎ》・韓《かん》の三国に分裂したことから混乱がはじまった。この三国のなかで、最初に頭角を表わしたのが魏であり、魏は積極的に人材を求めていた。

あるとき、中原の小国である衛（孔子の生国、魯《ろ》の西方）で生まれ、己れの才覚だけを頼りに魯に仕えていた男が、魏を訪れる。ときの文侯《ぶんこう》は興味を抱いて、この男を引見した。

「表面からその裏を見抜き、過去から未来を察するのが、わたくしの取り柄でございます」

男はそう切り出し、文武のバランスについて熱っぽく語った。

よほど内容が的《まと》を射ていたのか、説得力があったのか、文侯は感服して即座に、自ら席を設けてこの男をいきなり大将に任じた。この男こそが、呉起であった。

大将に任じられた彼は、下級の兵卒と寝食を共にし、就寝時にも将軍用の敷物を用いず、行軍するにあたっても乗物は使用しなかった。食糧をすら自身で担《にな》って、軍旅をすすめた。率先垂範《そっせんすいはん》を実践し、あろうことか合戦で兵士の傷が化膿《かのう》すると、その膿《うみ》を自分の口で吸い取ることまで、呉起はやってのけたのである。

他人には信義を重んじ、部下を慈しむ彼の姿は慈父に等しく、したがって、呉起の率いる軍勢はいつも士気高く、その采配が的確であったことから常勝をくり返した。

常勝は自信を生む。呉起を得て、魏は大国となっていくのだが、こうした呉起の人柄はそのまま、〝大警視〟川路利良に当てはまった。

川路の部下として「大警部」を拝名、西南戦争のおりには、別働第三旅団第一大隊の副官をつとめ、のちに内務省の警保局長（全国の警察を総括担当していた内務省の局長）を明治二十六年から約三年間にわたって歴任、貴族院議員ともなった小野田元熈《もとひろ》（館林藩出身）は、川路の死後、次のような逸話を披露していた。

川路君《ママ》は一方に厳正忠直な性格を有して居たと共に、他の一方には溢《あふ》るる如き慈悲心を有して居た。警察官で職務の為めに負傷した者があれば、自分自身で二枚続きの毛布一枚、葡萄酒二本を携へて、どんな下宿屋へでも訪問する。「君のやうな忠実な人が居《い》るから、われら警察官が一般人民の信用を得ることが出来るのだ」と云って懇《ねんご》ろに慰めて帰るのが例であった。そしてこの事だけは必ず自分で行って、どういふ事があっても代理を許さなかった。

小野田が西南戦争に従軍したおりも、川路は呉起と同様のことをやっていた。水俣《みなまた》の戦いで、薩軍が政府の別働第三旅団を破ったおりのこと、旅団長たる川路（臨時に陸軍少将となっていた）の生死がわからず、実地視察を命じられた小野田は苦心惨憺《くしんさんたん》して、ようやく川路の露営にたどりつく。以下、その回想譚である。

夜は全く明け放《はな》れた。川路少将の枕元に到るまで哨兵《しょうへい》（見張りの兵）ひとり立って居ない。大胆とも無頓着とも云ひ様がない。川路少将は直に目を覚まして自分の顔を見て吃驚《きっきょう》（おどろき）、一体如何して来た、じつは斯《か》う〳〵《かう》と事の次第を述べると、少将は大満足。自分の手を握って、今日迄《まで》無事であったのを祝福した。傍《かたわら》には毛布が沢山積み重ねてあるにも拘《かかわ》らず、少将は畳《たたみ》の上に靴を枕として臥《よこたわっ》ている。万一感冒（風邪）でも引いたら大事ですと注意すると、川路少将は厳然たる語調で、数多《あまた》の部下が野原に臥《ふし》ていると思へば、苟且《かりそめ》にも毛布なんか着られやしないと云われた。

小野田は川路の胸裡《きょうり》を察して涙したというが、川路にはこの種の、率先垂範の逸話が少なくなかった。

呉起の最期が暗示したもの

——再び、呉起の話に戻る。

呉起ほどの人物がなぜ、前にいた魯を出奔《しゅっぽん》しなければならなかったのであろうか。

実は魯においても、呉起は君主・穆《ぼく》公に信任され、将軍として起用されていた。

呉起はその信頼に応えるため、魯の旧臣たちが流布する中傷にも思い切った対処をしている。たとえば、呉起の妻が斉《せい》の出身であったので、彼を心よく思わない人たちはそれをあげつらって、呉起の将軍就任を妨害した。そのとき呉起は妻を殺して、斉との関わりのないことを証明してみせている。

対斉戦争でも、呉起は持ち前の率先垂範、兵法を駆使して勝利しつづけた。が、それが結果として呉起を魯から旅立たせることに繋《つな》がってしまう。目立たぬように細々とやるのが望ましい、とする保守的な小国に在《あ》って、呉起はめざましく勝ちつづけたがゆえに、多くの人々の反発に晒《さら》されることとなったのである。

それゆえに魏に赴いたのだが、ここでも呉起は常勝将軍でありつづけた。また、文官としても、西河《せいか》（現・山西省および内モンゴル自治区にまたがる地域）の長官として多くの実績を残している。

普通であれば、文侯—武侯と二代二十数年にわたって仕えた呉起は、宰相の位に就《つ》いて、功成り名を遂げていたはずである。ところが、魏に「相」という最高ポストが設けられたおり、呉起はこの地位に就けず、代わりに田分《でんぶん》という魏の長老が選ばれた。

人望・人格において、呉起は田分に及ばなかったとの説もあるが、筆者は、呉起が他国の出身であり、その身分が田分に遠く隔《へだ》たっていたマイナスが、大きかったように思われる。

やがて田分はこの世を去ったが、後継に呉起は再び指名されず、若い公叔座《こうしゅくざ》が「相」となった。呉起も面白くはなかったであろう。が、公叔座も呉起が目障《めざわ》りでしょうがない。

そこで一計を案じて、呉起の追放を画策した。公叔座はまず呉起を持ちあげて、主君の武侯の面前で誉《ほ》めそやし、公女の一人を妻に与えてはどうか、と武侯に進言する。そうしておいて公叔座は、自分の妻（武侯の公女の一人）に言い含め、呉起の目前で妻が己れを散々に罵倒するシーンを、演出して見せつけた。

当然ながら、呉起は公女の気位の高さに辟易《へきえき》して、武侯の公女を娶《めと》る話を断る。が、宮廷では呉起は魏にとどまる意志がないから、公女についても辞退したのだ、との噂が流れた。

以来、居心地の悪くなった呉起は、まもなく魏を出奔し、次には楚《そ》へ乗り込むと、今度も悼王《とうおう》の信頼を得て、彼は、ついに「令尹《れいいん》」（楚の宰相）の地位に就いた。

大久保は川路を、刑名家と述べた。すなわち「法家」だ、と。

分類上、呉起は「兵家」である。しかし時代の過渡期は、つねに厳しい軍律＝法家を必要としてきた。楚に至った呉起は、後の世まで自らの名を冠して残る〝呉起の変法〟を実施している。魏の時代に苦汁を嘗《な》めた土着の重臣、家臣たちの、特権を削《けず》って王権＝中央を強化する政策を、楚において強力に推《お》しすすめたのだ。

川路の主張ではないが、法制度の整備は着実に人心を落ち着かせ、国力増強に役立った。

古代中国における法家は、つまるところ戦国時代の封建制を秦帝国の中央集権化へ移行させたともいえる。だが、この種の改革は強力なバックアップ――呉起でいえば悼王という巨大な後ろ盾《だて》――があればこそであり、悼王が死去するや、反対派は一斉に決起して、宮廷内に弓槍を持ち込んで乱入。宿敵の呉起を殺害しようと、その姿を追い求めた。

もはや逃げられぬ、と観念した呉起は、悼王の遺体安置所に入り、遺体の上に身を伏せて全身に矢を浴びて絶命する。が、呉起のこの行為にはある意図が隠されていた。

そのことが明らかになったのは、葬儀が終わって太子が即位してのちのことであった。呉起を射殺して得意満面の者たちが、ことごとく捕縛されて一族は皆殺しの刑となったのである。なぜか。呉起の身を貫いて死にいたらしめた無数の矢は、同時に、悼王の遺体をも大いに傷つけていたのである。

王の遺体を損《そこな》う者は、重罪三族に及ぶと定められた〝呉起の変法〟の成果であった。

彼は自身の生命と引きかえに、反対派を一掃したわけだが、法家の人間が人脈の皆無に等しい他国へ単身で乗り込み、その国の仕組を建て直すという所業は、つねに反対派の謀略の中に身を晒すことを意味していた。

この名将の末路は、なぜか〝大警視〟川路の最期に重なってならないのだが、もとより、江戸留学中の川路には、未来の己れの最期などわかるはずもなかったろう。

川路の邂逅《かいこう》

一橋慶喜も幕閣も、いまだ幕府の権威・権力といったものに幻想を抱いており、八・一八の政変や禁門の変のごとく、諸藩はこぞって幕府を推戴《すいたい》して戦ってくれる、と思い込んでいたようだが、そうはいかなかった。慶応二年（一八六六）六月に開始した第二次長州征伐は、大方の予想に反して幕府方の惨敗と決した。

――最大の敗因は、同年正月二十一日、秘密裡に薩長同盟が成立していたことによる。もし、この同盟がなければ、歴史は急旋回することなく、時勢はこの日を境に討幕段階へ、はずむように踏み込むこともなかったであろう。むろん、川路が新政府を代表して、〝大警視〟に抜擢され、「東京警視庁」を創るというような奇術も、行われなかったに相違ない。

幕府は当初、薩長同盟の成立に気づかず、第二次長州征伐ではまさかの苦戦を強《し》いられ、しかもその最中の七月二十日に、十四代将軍家茂を病で失ってしまう。享年二十一。

進退きわまった幕閣は、それこそ苦肉の策として、将軍家茂の死を口実に、朝廷へ停戦命令を出させる工作に走った。八月二十一日、停戦命令が出され、幕府は首の皮一枚、その命運をつなげたといえる。

一方の長州藩も、この朝命は受けざるを得なかった。いかに戦局優勢とはいえ、防長二州の国力をもって、日本の四分の一の実力をもち、なおかついまだ東日本に絶大な支持を得ている幕府を、最終的にくつがえすことはできるはずもなかったろう。

この薩長同盟成立の前夜——筆者は成立後だと考えているが——の逸話として、川路が一人の壮士と船中で出会った、との回顧談を前出の山下房親が残している。

このエピソードは当時の薩摩、長州、土佐の三藩の動きを知るうえでまことに興味深い。

色黒で小柄なその壮士は、南太一郎（正しくは大一郎）と称し、大坂の難波津《なにわっ》から瀬戸内海をめぐる船便に乗り込んだ。さいわい天候にめぐまれた船は、帆をいっぱいに張り、順調に波をけたてて進んだが、船上の彼は無聊《ぶりょう》を託《かこ》っていた。

甲板をうろうろしていると、一人の武士が五升徳利を前に胡座《あぐら》をかき、「大根下《おろ》し」をさかなに、茶碗酒をうまそうにあおっているのが目についた。

巨漢であり、その体から発する威圧感は凄まじい。風態は明らかに薩摩武士と知れた。

「何《ど》う見ても尋常の者ではないらしい」（山下房親談・以下、「　」内は同じ）

太一郎は気になってしかたがない。かといって突然、話しかけるのも無躾《ぶしつけ》である。

しかし、暇だ。そこで自身も酒を用意し、「相手の大根下し」の分配を願い出た。

「ああ、よかよか。お易いご用じゃ」

巨漢は太一郎を迎えるべく座りなおし、それからしばらく二人は茶碗酒を酌《く》み交わした。

「それから話が段々と国事に及んだ、議論風発、意気軒昂《けんこう》」と山下談にあるから、おそらく幕政批判、第二次長州征伐のことなどについて、二人は意見を交換し、議論し合ったのであろう。そうするうちに、ほどなく太一郎がしびれをきらした。

「卒爾《そつじ》ながら、貴殿の姓名は――」

切り出した相手が何者なのか、巨漢はもとより知らなかったが躊躇《ちゅうちょ》することなく、

「拙者は薩藩《さっぱん》の川路正之進でごわす」

と答えた。おもしろいことに、太一郎は川路の名を知っていたようだ。

「さては、かねて聞き及んでいる川路どのでご座《ざ》るか、大根下しのお蔭ではからずも謦咳《けいがい》に接することができて、誠に喜ばしうござる」

さも、うれしげに応じたというが、もしこれが薩長同盟成立以前であったならば、太一郎は剣を抜いて、川路に斬りかかってもおかしくはなかった。

「しからば、貴殿は？」

と問う川路に、太一郎は「土佐浪人、南太一郎」と正体を明かした。

その名を聞いた川路は、容《かたち》をあらため、襟《えり》を正して座り直すと、

「じつに奇遇でご座る。拙者も久しく芳名を聞き及んで、只管《ひたすらママ》景慕して居たのでご座る」

と応じたというが、このあたりは時局を考えると意味深長であった。なにしろ南太一郎は変名であり、正しくはこの人物、土方楠左衛門といった。勤王歴はけっこう長く、反幕・討幕派の間では知られた人物であった。

島津久光がはじめて江戸へ乗り込んだ文久二年（一八六二）の前年、武市半平太が中心となって結成された土佐勤王党に、土方は坂本龍馬や中岡慎太郎とともに参加している。

勤王活動に従事するなかで、過激派公卿の巨魁《きょかい》といわれた三条実美の信任を得、彼は藩を棄《す》て去り、以後、数名の土佐脱藩郷士とともに三条と各地を流転した。

八・一八クーデターで三条ら〝七卿〟が京都を追われると、これに随《つ》きしたがい、禁門の変では長州軍の後詰として、三条とともに出陣するつもりでその身辺にあった。

ところが、長州は薩会同盟に討ち負かされて御所へ入ることができず、かえって朝敵の汚名をきせられてしまう。

薩摩藩の方向転換

「すべては薩摩の独断、横車ではないか」

との思い込みは、長州藩に荷担した者すべての感情であったといえる。

この時期、西郷や大久保はしきりと長州系の浪士に生命を狙われており、「坊主憎けりゃ袈裟《けさ》まで憎い」の論法でいけば、土方は目前の巨漢が川路と名のった瞬間、これを刺し殺してもおかしくはなかった。

だが、そうはせず、二人はむしろ親しげに薩長同盟について語り合ったという。

長州が生き残るには、それしか方法がなかったからだ。

もとより土方はそれを承知している。だからこそ、川路の機嫌をとったともいえなくはない。が、一方の川路にすれば国事に奔走した経験が皆無である。おそらく土方に聞かされることの多くは知らないことばかりであったろう。

――薩摩が長州と手をにぎる（あるいは、にぎった）……。

川路は、土方に気取《けど》られないように胴をふるわせた。時勢は大きく動いていた。が、己れはその動きを何ひとつ知らず、西郷や大久保からも聞かされていなかった。

考えてみれば、川路は「与力」という卒族《そつぞく》に生まれ、兵具を運搬したり、捕物《とりもの》にかり出される以外、藩の公務についたことがない。たとえわずかでも藩吏《はんり》として江戸、京都にでも出ていれば、多少の事情もつかめたであろうが、彼のように砲火のなかから、にわかに浮世へ飛び出してきた男には、藩上層の機密事項がわかるはずもなかった。

川路の滑稽さは、そうしたことも知らず薩摩藩を代表したような顔つきで江戸市中をぶらついてきたことだが、この点についてこの奇妙な男はべつにおかしくも悲しくもなかったようだ。にがい顔を一瞬したものの、ならばこれから追いつけばよい、と思い返し、つとめて船中では土方の話の聞き役に徹した。

「君（川路利良）の最も人と異なっている所は、下問を恥じざるの一事で、下僚であろうが後輩であろうが、自分の知らぬ事を聞くことは決して恥としなかったのは、誰でも感心した所である」（山下房親談）

加えて、川路は聞き上手であり、これらはのちに、この男の専売特許となる。

土方も知らず知らずに川路の術中にはまった。これまでの己れの勤王運動のすべてを、目前の巨漢に伝授してしまう。

なお、この川路より一歳年上の土方楠左衛門久元《ひさもと》は、幸運にも明治維新を生き残っている。新政府では東京府の判事となり、太政官（政府）にも出仕。内務・宮内少輔を経て内務大輔、内閣書記官長、宮中顧問官、農商務大臣、宮内大臣などを歴任し、明治二十八年には伯爵となっている。大正七年（一九一八）、八十六歳で没していた。

また、それ以前、慶応四年の江戸開城の際、土方は官軍の一員として旧幕府の江戸町奉行所接収にも参画。市政南裁判所主任（旧南町奉行に相当）となっている。

第二次長州征伐の間、薩摩藩は一兵卒も動かしていない。藩は傍観《ぼうかん》を決め込み、西郷や大久保たち薩長同盟締結派の人々は、執拗《しつよう》に朝廷へ早期和解への働きかけを行っていた。

ここのところは、あまり維新史家の多くも述べていないが、島津久光の権力のピークは、序章冒頭の文久二年の頃であったように思われてならない。武装上洛―生麦事件―薩英戦争、あるいは八・一八クーデター―禁門の変―第一次長州征伐。こうした一連の流れのなかで、久光は皮肉にも自身の手にしていた〝力〟を、徐々に失う結果を招いていた。

西郷の台頭に加え、久光からすれば「無用の知恵」以外なにものでもない時勢の動きに対する意見を、藩下層の末端までが持つようになってしまった。

その証左が、川路であったろう。卒族という、取るにたらない役夫のような「与力」身分の男が、一躍、藩内外に剣名を知られ、江戸への留学をはたした。

しかも、その成果である洋式銃隊の太鼓による練兵を、〝国父〟久光の前で披露する栄誉まで得ている。むろん久光は、数多《あまた》いる将官の、しかも小隊長クラスの一指揮官・川路に、特別の関心などはもたなかったであろうが、川路にすればこの一事は大きい。本来なら拝謁どころか、久光臨席の場で、同じ空気を吸うこともできない身分であったのだから。

同じこの時期、郷士身分の中村半次郎は西郷の引きで、正式に藩士の列に加えられていた。一説に山下房親が、川路のみ藩士への登用のないことを憂《うれ》い、西郷へそのことを質《ただ》した、という話が残っている。西郷は次のように答えたという。

「暫《しばら》く待つべし、思ふ所あり」（鈴木蘆堂著『大警視川路利良君傳』）

久光をうまく乗せながら、西郷や大久保たちは一気に討幕を明示するリスクを考え、とりあえずの藩の目標を、地方割拠の「薩摩藩独立共和国」においた。

富藩強兵——帰国した川路も、この独立を全《まっと》うすべく、出身地の比志島に撃剣道場を開設。村内の若者たちを吸収して、軍事訓練を開始する。

第二章　戦火の中の新政府

比志島《ひしじま》抜刀隊の誕生

――川路という男は、道楽に乏しい男であった。

自身、剣術と漢詩を作る以外にすることがなかった、と言うぐらいであるから、村内の若者たちに対する教育には、自然、熱が入ったことだろう。のちの「東京警視庁」における、警官育成の見事さは後述に譲《ゆず》るが、もともと川路は教育者に向いた気質を持っていた、といえそうだ。しかも、すでに彼の令名は村内外にも轟《とどろ》いていた。

西郷に認められ、江戸留学もしている。国父の前で教練を上覧する栄誉にも輝いた。近い将来、藩に大抜擢されるだろう、との川路への期待は、同じような下層の郷士・卒族の若者たちに、虹のような希望を与えることとなった。

薩摩隼人の剣の冴《さえ》は、見方をかえれば貧しさに歯をくいしばった結果ともいえた。

「三年に片頬」という言葉が、今も鹿児島に残っている。男子たるもの三年に一度、片方の頬に笑みを浮かべるだけで十分との意だが、これも生活苦に耐えた方便であった、と看做《みな》すこともできよう。

幕末、財政破綻に見舞われた諸藩では税収を六公四民、七公三民と農民への皺寄《しわよ》せで逃れようとしたが、藩士と農民の間に多量の郷士を抱える薩摩藩では、実質九公一民の惨状を呈していた。収穫した米の九割を召上《めしあ》げられては、そもそも農民はやっていけない。〝半はげ〟（村の半分の農民が逃散）、〝丸はげ〟（全部が逃散）となったところも少なくなかった。農民は麦はおろか粟《あわ》も口にはいらず、もっぱら唐薯《からいも》（さつまいも）を食し、そば、里芋を採って、どうにか飢えをしのいでいた。農民とかわらぬ貧民たる卒族、その上の郷士、下級藩士にしたところで、その生活レベルは五十歩百歩であったろう。

比志島も貧しさでは、決して人後に落ちなかった。

次のような会話が当時、交わされたという。

「あん人はもう、米を食べなさったそうな」

何のことかといえば、いよいよ死期の迫った病人が、ようやく粥を口にした、いいかえれば、もういよいよだめだろう、との意となった。

卒族でありながら、江戸や京都に出た川路は情報量を同郷の人々に比べれば多く持っていた。征長が不首尾に終われば、次は薩長同盟による討幕だ、と彼は読んでいた。

そのとき功名をあげるためには、禁門の変での個人的な活躍を、対幕戦争の中では集団化する必要があった。でなければ、武功は大きく輝きはしない。

ただし、川路の身分はいまだ卒族であり、正規の兵を率いる資格を彼はもっていなかった。

そこで考えたのが、当然おこなわれる藩庁の募兵に応募することであった。

数え年十八歳（満十七歳）以上の藩士・郷士の子弟を、志願兵の形で従軍させるのが薩摩藩の伝統であり、川路は自ら鍛えた若者を選抜して、これに参加させる形を考えた。

教練にも、独自の工夫を導入している。たとえば、地元に伝えられている棒踊りを集団の模擬《もぎ》戦にもちいた。元来、勇壮な男子の踊りで、壮年者の歌に合わせて手に鎌や三尺棒、六尺棒をにぎって振りまわすものだが、川路はこの棒踊りの振り付けを、江戸で学んだ用兵の動作に改良し、棒のかわりに長刀——正確には手製の薙刀《なぎなた》——を各自に作らせ、もたせて集団の進退動作を懸命にくり返し教えた。

「今の世は、まさに関ヶ原の時世じゃ。生命《いのち》懸《が》けでン、がんばれば栄達は思いのままぞ」

川路は自身にもいいきかせるように、集う若者たちに発破《はっぱ》をかけた。この軍事教練の中から、戊辰戦争に活躍する、俗にいう〝比志島抜刀隊〟三十二名の勇士が誕生する。

風雲急をつげる中、徳川慶喜《よしのぶ》の大政奉還と前後して、川路は兵具隊小隊長に任じられた。

身分は「一代御小姓」。形だけは藩士を称してもよい、と認められたわけだ。

無論、正規の藩士ではなく「一代御小姓」と郷士はどちらが上か、と問われれば、厳格には差がなかったようでもある。

今じゃこげしてカラ芋喰ちょって　大言壮語をぬかしておれど
やがっちゃ天下を股ばいひっかけ　足で政事をとってやる

この頃、比志島のみならず、薩摩領内でしきりとこの歌がうたわれた。薩摩では身分を超え、誰しもが夢をみることができたのであろう。

大政奉還から王政復古の大号令へ

一方、幕府は将軍家茂《いえもち》に死去されて、困りはてた。次の将軍を、すぐにでも決めねばならない。いまや後任将軍には一橋慶喜のほか、候補があり得ぬのは誰の目にも明らかであった。慶喜にすれば、ようやくまわってきた将軍位である。が、この頭脳明晰《めいせき》、否、めぐりの早すぎる貴人は、容易にこれを受けようとはしなかった。なろうことなら長州藩を征伐し終えて、その勝利を実績に幕臣や諸侯と向かいあいたかったのであろう。

ところが、その長州藩に大敗した。このままでは幕府の存続がいよいよもって危うくなる。

そう先読みした慶喜は、休戦のための勅命降下を工作し、征長戦に一応の終止符を打つと、十二月五日に自ら十五代将軍に就任した。

それからの将軍・徳川慶喜は、長州での敗戦を忘れたかのごとく活発に動き始める。

すぐさまフランス公使レオン・ロッシュの助言と協力を得て、財政と軍政の大改革＝慶応の幕政改革に着手。他方で、翌慶応三年（一八六七）五月、外交上の難関となっていた兵庫開港の勅許を取りつけると、大坂の豪商たちに兵庫開港資金の拠出《きょしゅつ》を命じ、江戸と大坂に外国人の居留を許す旨を布告する。

――これで反幕府勢力を出し抜ける、と慶喜は確信していたはずだ。

そして十月十四日、「大政奉還」の奏聞書を朝廷に提出したのである。

「従来の旧習を改め、政権を朝廷に奉帰《かえしたてまつり》、広く天下の公儀を尽くし、聖断を仰ぎ、同心協力、共に皇国を保護仕《つかまつり》候得ば、必ず海外万国と並立《ならびたつ》べく候」

もっとも、慶喜は討幕派勢力の奉勅挙兵を読みとり、機先を制して大政奉還をしたものの、その真意は徳川政権を自己否定したのではなく、あくまで己れの主導権《イニシアチブ》のもとで、新しい国家政治形態の合法化を目指す腹づもりであった。

その証拠に、四百万とも八百万ともいわれた、日本総石高の四分の一に相当する直轄地《ちょっかつち》を慶喜は放棄していない。真に政権を返上する気があるならば、徳川家本来の領地である三河・遠江・駿河の三国に立ち帰り、残余の領地ことごとくを朝廷に献上しなければなるまい。最強の海軍、フランス式歩兵を中心とした陸軍も、彼は手放してはいなかった。

そこで討幕派は長州藩の復権を求め、まずは太宰府に蟄居している五卿の赦免を要求。これが容れられると、薩軍三千を入京せしめ、長州軍二千を西宮に駐屯させた（長州の入洛は十二月十日）。討幕挙兵のための、兵力配備を終えた討幕派首脳部は、十二月九日、明治天皇（十五歳）の臨席のもと、摂関・幕府の廃止と新規に〝三職〟（総裁・議定《ぎじょう》・参与）の設置を宣言する、〝王政復古の大号令〟が発せられた。新暦に直すと、正月三日に当たる。

この日、慶喜は天皇の御前会議に出席を求められていなかった。

慶喜が朝議をリードし、再び主導権を握ることを討幕派は心底、おそれていたからだ。しかし、欠席してもこの時点では、慶喜の優位は動いていない。実質的に日本政府を代表しつづけている慶喜は、伝統的な権威もあり、この後も国政の主導的な役割を担いつづける。討幕派勢力は当然のことながら、それを阻止しなければならない。

禁門警備に当たっていた京都守護職の会津、京都所司代の桑名《くわな》の両藩兵を引き取らせ、かわって薩摩、土佐、尾張、越前福井、安芸《あき》広島の藩兵を配置。宮中の要所をすべて押さえると、討幕派は会議場の「小御所《こごしょ》」において、慶喜の辞官・納地を強引に決定したのであった。

十二月十日、〝三職〟は松平春嶽を二条《にじょう》城の慶喜のもとに差し向け、辞官・納地の原則に慶喜が異存なき旨、また、旗本らの人心を鎮《しず》めたうえでお受けしたい、との言質《げんち》を取りつけた。

十二日、慶喜は京都にあることの不利を考え、京洛を出ると十三日に大坂城に入った。そして翌十四日、旧幕府の陸・海軍兵力を、大坂に集結させるよう江戸へ命じている。京都の朝廷に無言の圧力をかけるとともに、討幕派との決戦に備えた措置《そち》であった。

慶喜は討幕派のクーデターを成功させてなお、巻き返して、自らが最終的に勝利できる、との揺るぎない信念を持っていた。なにしろ彼のもつ強大な兵力は、薩長同盟のそれを大きく上回っている。こうした〝力〟による潜在的威力は、政権を委譲してなおかつ、三百諸侯に大きな影響力を保持していた。

一方の朝廷は、十万石にも満たぬ領土的基盤しかなく、もとより独自の兵力など一兵も存在していない。ために、クーデターで慶喜の辞官・納地を迫ったものの、討幕派はそれらを実行するだけの力をもっていなかった。

歴史の皮肉は、討幕派をむしろ追いつめる結果を招いていた。慶喜が京都を退いた直後の十二月十四日、諸侯に対し改めて王政復古が布告されたが、慶喜に鋭く迫ったはずの辞官・納地の命令すら、諸侯の反発を懸念《けねん》して隠蔽《いんぺい》される有様であった。

挑発に乗って鳥羽・伏見へ

無理を重ねたクーデターは各所で亀裂《きれつ》が生じ、新政府の台所は早くも窮迫して、あろうことか討幕派陣営の岩倉具視《いわくらともみ》は、前将軍慶喜に使いをして千両を借りたほどであった。

勢いを得た慶喜は、フランス公使レオン・ロッシュのアドバイスで、フランス、イギリス、アメリカ、プロシア、イタリア五ヵ国の公使たちを引見し、

「始終の交際を全《まっと》うするは、余が任にある」

と明言。王政復古のクーデターを「暴戻《ぼうれい》ノ罪」と断じ、外交の権利は引き続き徳川家にあると説き、各国公使の承認するところとなった。討幕派はいよいよ窮地に追いつめられ、退勢を食いとめるのに躍起《やっき》となるが、なかなかうまくいかない。

焦燥にかられた西郷や大久保は、薩摩藩士・益満休之助《ますみつきゅうのすけ》（二十八歳）、同郷士・伊牟田《いむだ》尚平《しょうへい》（三十七歳）をひそかに江戸に潜入させ、十三代将軍家定《いえさだ》の夫人・篤姫《あつひめ》＝天璋院《てんしょういん》（島津家出身）を守衛するとの名目で、過激派浪士を集めては江戸市中に放ち、徳川家を挑発す

る〝奇策〟に出た。後世、江戸の〝御用盗《ごようとう》〟騒動と呼ばれるもので、勤王軍用金の調達を名目に商家を襲い、金品を略奪して、婦女子を強姦《ごうかん》する。

やりたい放題のことをして、浪士たちは最後に、

「文句があるなら、三田の薩摩屋敷に来い」

と捨てゼリフを残した。

慶喜は軽挙妄動《けいきょもうどう》せず、ひたすら時を待つだけでよかった。彼にとっての敵は、討幕派ではなく〝時〟であったといってよい。

ところが、外交権を手中におさめたころから慶喜は、春嶽や山内容堂《やまうちようどう》のやり方を手ぬるい、と考えるようになる。一気に武力で雌雄《しゆう》を決する方が、手っ取り早いのではないか。

十二月二十五日早朝、江戸では幕府が市中警固の庄内《しょうない》藩と庄内藩預かりの新徴組を使って、ついに三田の薩摩藩邸への焼き討ちを決行する。益満休之助は捕えられ、伊牟田尚平は品川沖の薩摩藩船「翔鳳丸」で脱出に成功した（もっとも伊牟田はこの後、翌年二月に部下の不始末の責任をとらされて、薩摩藩に自刃させられている）。

焼き討ちの急報は、大目付・滝川具知《ともさと》（具挙《ともたか》）、勘定奉行の小野広胖《ひろとき》らによって、海路、大坂城にもたらされた（二十八日）。この一報はまさに、火薬庫に火を点じたに等しい。

主戦論が一気に大坂城内で火を吹いた。この激昂《げっこう》は、これまで慶喜が懸命に押さえてきたこともあって、もはや、押しとどめることのできない勢いとなった。否、慶喜の心中も、それを待ち望んでいた気持ちがなかったとはいえないであろう。秀才にありがちな欠点、持ち前の頭の回転の速さから、この前将軍は逆に安直《あんちょく》な考え方に流れてしまう。

「徳川家に会津・桑名の藩兵を加えると、薩摩藩兵との比率は五対一となる。じっとして時節の到来を待つよりも、一気に実力行使に出たほうが早いのではないか」

なるほど兵力は、格段に薩摩藩兵のほうが少ない。長州は朝敵となっていて、京都には入れなかった。しかし、敵には最新の武器と決死の覚悟がある。

かりに、彼らが禁門を抜かれ、戦闘を劣勢とみて帝（明治天皇）を連れ去ったなら、慶喜はどうするつもりでいたのだろうか。長州一藩を制圧できなかった幕府軍に、中国地方から九州へと落ちのびていくであろう帝を、奪回することができる、と本当に考えていたのであろうか。とにかく、このおりの慶喜には詰めの甘さが目立った。

その証左《しょうさ》に、慶喜が方向転換して、鳥羽・伏見の両街道において戦いの火ぶたを切ったとき、勝ち目の少ないとみられていた西郷や大久保たち討幕派は、その報告を聞いて、

「鳥羽一発の砲声は、百万の味方を得たるよりも嬉《うれ》しかりし」

と、快哉《かいさい》を叫んだではないか。

慶応四年（一八六八）元旦、徳川慶喜は自ら草した、薩摩藩の罪状を弾劾《だんがい》した『討薩ノ表』を大目付・滝川具知に託し、出動配備を定めた「軍配書」を下達。

二日、圧倒的に勝る兵力一万五千を擁して、旧幕府直属軍および諸藩の連合軍を鳥羽・伏見の両街道に展開した。ジリジリと京都へ向かう彼らには、それでいてはっきりとした目的＝交渉か戦争かの意識が徹底されていなかった。

「薩摩の兵が抵抗すれば、攻撃せよ」

そういいながら、旧幕府軍は大砲や銃に実弾を込めていなかった。もし禁門に向けて発砲すれば、〝朝敵〟にされかねない、と判断したというのだが。正月三日、午前十一時ごろ、淀から鳥羽街道を北上した大目付滝川の軍勢は、薩摩藩兵の道路封鎖に遭遇《そうぐう》する。通る通さんで半日押し問答をしたあげく、午後五時、旧幕府軍の強行突破が伝えられた。

川路、鳥羽に善戦す

「どうでん通るっちゅうこっなら、しかたがなかね」

薩摩藩五番隊軍監の椎原小弥太はラッパを吹かせ、大砲の発射を命じた。西郷が歓喜した前述の一発である。このとき、川路利良はこの鳥羽方面にいた。短期間とはいえ、手塩にかけた比志島抜刀隊――その実は、川路のまかされている兵具隊の小隊とその周辺にひっついている、国許よりの応募兵――を率い、銃撃戦を展開する藩兵の後方にあった。

薩摩藩兵は制定された軍装に身を包んでいる。紺の筒袖上着に紺のだん袋ずぼん、藍と白の木綿帯をしめ、黒ラシャ製で朱房のついた円錐型の陣笠（鉢振り）をかぶって、黒ラシャの筒袖羽織を着用していた。足には、紺足袋にわらじを履《は》いている。

新調で見た目にも軽快であり、ハイカラ好みの薩摩藩兵には美装だと人気が高かった。

もとより、卒族は従来通りの服装《なり》をしている。それだけに、川路の活躍は目立ったともいえた。川路は兵具隊の一小隊長として、血気にはやる比志島の若者たちを、まずは戦場になれさせ、そのうえで薩摩藩兵の側背から突進してくる、旧幕府軍の斬り込みに苦戦を強《し》いられる戦局で、たくみに後方から人数を出し、さらなる側面よりの攻撃をしかけた。

また、ときには先まわりをして敵を防ぎ、悩ませもしている。本来の兵具運搬の仕事をしながら、別途の差し出口をやるのであるから、その煩雑さは加重であったろう。

しかし、天性、川路は指揮官として有能であった。度々、軍功をあげている。

「正どんはようやっちょるのォ」

わずか三日間の戦闘で、西郷や大久保、伊地知正治らに比志島抜刀隊の名が知られるようになった。この間、川路が払った犠牲＝戦死者は一名のみ。約七十名の小隊の隊士、志願の若者たちの生命は全《まっと》うしている。

「じゃどん、一人でん戦死者を出したのは、おいの責任でごわす」

川路はそれでも戦死者を出した己れを責め、戦後、遺族のもとへ謝罪に赴《おもむ》き、小隊長として石灯籠を建立、碑文（漢文）も自ら草した。また、その遺族の生活が困らぬよう、細心の配慮もしている。このあたりにも、川路の人気――接した者のみが持つ――があった。

ちなみに、このおり戦死した上村戸右衛門は、二十歳になったばかりの若者であった。

正月五日の桂川と宇治川に挟《はさ》まれた地点で戦われた激闘で、敵の銃弾が胴を貫いた。

五日といえば、鳥羽・伏見の戦いの中でも最大の激戦といわれた、鳥羽方面――桂川に沿う旧幕府軍の富ノ森陣地を薩摩藩兵が奪取した日であり、実質的にこの方面の勝敗はこの一戦で決した、と言われている。

鳥羽を主に担当していた薩摩藩兵に対して、伏見方面は本来、朝敵として謹慎していなければならない長州藩が受け持ち、〝小ナポレオン〟と異名をとった山田市之允《いちのじょう》（顕義《あきよし》・のち陸軍中将、司法大臣）が絶妙の指揮をとり善戦している。

ちなみに、山田はのちの西南戦争において、別働第二旅団長を拝命したが、このおりに別働第三旅団を率いたのが川路利良であった。鳥羽・伏見の戦いでは雲泥の差にあった二人の身分が、九年後にはともに「少将」として階級を並《なら》べ、共同作戦にあたっている。

時勢の魔術としか、いいようがない。

薩長同盟軍の勝因は、事前に街道を遮断して、拠点包囲の戦術を冷静にとったことにあった。加えて武器の優越《ゆうえつ》にもよっている。旧幕府軍主力の後装シャスポー銃に比べ、薩長の前装ミニェー銃は発射速度が十倍早く、その差は歴然としていた。

さらに、正月四日の早朝——濃い霧が深く視界を遮《さえぎ》る中、薩長討幕派の切り札として繰り出された〝錦旗〟の威力も見逃せない。

手中に〝玉〟（明治天皇）を擁し、二十二歳の仁和寺宮嘉彰《よしあき》親王（議定・父は伏見宮邦家親王、仁孝天皇の養子）を征討大将軍——征夷大将軍と同格——に任じて、〝旗〟を下させ、併せて節刀《せっとう》を与えるという演出までやってのけたのは、大久保と品川弥二郎《やじろう》（長州藩士・のち弾正少忠、内務大書記官、内務大臣などを歴任・子爵）であったという。

嘉彰親王は東寺に出陣。旧幕府軍の計画は、すべてここから狂いはじめた。

薩長の私兵は俄《にわか》に〝官軍〟となり、旧幕府軍は遂に国賊の立場に置かれてしまう。

まさに、青天の霹靂《へきれき》であった。結果、鳥羽・伏見の戦いは攻守ところを変える。旧幕府直属軍および諸藩の連合軍は、不意の総退却命令に驚愕しながらも困難な退去戦を開始。執拗《しつよう》に追いすがってくる薩長軍を振《ふ》り切り、どうにか淀城までたどりついた。

ところがそこへ、錦旗が第一の不幸とするならば、旧幕府軍にとって第二の不幸が見舞う。いまだ向背を決しかねていた淀藩十万二千石が、官軍の出現、旧幕府軍の退去に豹変を遂げ、自藩の城門を閉ざし、収容するはずの味方＝旧幕府軍を締め出すという信じられない挙に出た。

淀藩の藩主は現・老中の稲葉正邦である。藩士は江戸にある主君を裏切り、味方を門前払いにしたあげく、追撃してきた薩長軍には城門を開いて、これを迎え入れたのである。天下の老中の国許が、この様《ざま》であった。六日には、津藩藤堂家三十二万三千九百五十石の山崎砲台が旧幕府軍に向かって発砲を開始する。突然、薩長側へ寝返ったのだ。

官軍、江戸へ

――止《とど》めの一撃であった、といってよい。

さらに、土佐藩兵約四百が遅ればせながら薩長軍＝官軍に合流、混乱する伏見方面の旧幕府軍を急襲した。各地で総崩れとなった旧幕臣たちは、潮の引くように大坂城をめざす。

幕軍の指揮官たちも、「こうなれば大坂城に拠って、巻き返すほかなし」と一息つく間もなく、その再戦準備にかかった。しかし、彼らの反転大攻勢は、ついに実現しなかった。

その翌朝、あろうことか前将軍慶喜は会津、桑名の両藩主以下少数の供を従え、秘かに大坂城を抜け出し、敵前逃亡よろしく江戸へ帰還してしまったのである。

この前将軍の不可解な行動は、大坂城を頼りとする旧幕府軍将兵ことごとくの士気、闘争心を根本から崩壊させてしまった。総大将の消えた大坂城では、再戦のしようもない。旧幕府軍必死の退却は、やがて関東への絶望的な敗走へと変わっていく。

正月七日、朝廷では徳川慶喜追討の大号令が発せられる。

つづいて十日には鳥羽・伏見の合戦に連座した旧幕府高官二十七名の〝官位褫奪《ちだつ》〟、〝領地没収〟が決定され、官軍の大義名分を手にした薩長二藩を主軸とする新政府は、一路、討幕戦争の準備に入った。やがて、東征軍（あるいは親征軍）の人事が発表される。

東征軍大総督には有栖川宮熾仁《たるひと》親王（皇族、王政復古により総裁となる、副総裁には三条実美と岩倉具視が任ぜられた）。上参謀には正親町《おおぎまち》中将公董《きんただ》（公卿）、西四辻《にしよつつじ》大夫公業《きんなる》（公卿）。これは、いわば飾り。実際の東征軍を指揮するのは、下参謀の西郷吉之助隆盛（薩摩藩士）と林玖十郎道顕《くじゅうろうみちあき》（伊予宇和島藩士・最初は長州藩士の広沢兵助が任命されたが直後に交代）、寺島秀之助直方《ひでのすけなおかた》（長州藩士）の三人ということになった。

一方、敗戦失意の前将軍は正月十一日に江戸に帰りついた。文久三年（一八六三）十月に入洛して以来、四年二ヵ月ぶりの江戸であった。浜御殿のところにあった海軍所に呼び出された勝義邦（海舟）は、ここではじめて旧幕府軍の大敗を知る。

慶喜は後事を勝に託し、慶応四年正月十七日付で勝は「海軍奉行並」となり、同二十三日には新設の「陸軍総裁」にあげられて、徳川家の終戦処理を担うことになった。

東征軍の総督府参謀として、西郷吉之助がやってくる、との情報を勝が入手したのは二月の十七、八日の頃。すでに幕府機構は解体され、老中も若年寄以下も全員罷免《ひめん》されていた。

勝は旧幕海軍の艦隊を出動させ、艦砲射撃で東征軍を潰滅《かいめつ》させる作戦を考えたものの、内戦が長引き、薩長勢力がイギリスに援助を求めることが懸念された。それに相応じて徳川家がフランスと結べば、日本は欧米列強の体《てい》のいい植民地代理戦争を強いられることになりかねない。

そこまで見通し、勝は徳川家の平和恭順を西郷に説いたのだが、スタートを切ったばかりの官軍＝東征軍は意気まさに天を突かんばかりで、いっこうに聞く耳を持たなかった。

宮さん　宮さん　お馬の前にヒラヒラするのは何じゃいな
　あれは朝敵　征伐せよとの錦の御旗を知らないか
トコトンヤレトンヤレナ

二月十五日、京都を進発した大総督・有栖川宮は、三月五日に静岡の駿府城に到着。このときすでに東海道の官軍先鋒は箱根の関所を越え、小田原を制圧していた。

翌六日、駿府城でおこなわれた東征軍の軍議は、江戸城総攻撃を三月十五日と決する。

「五箇条の御誓文」と川路の心痛

江戸城総攻撃が予定された三月十五日の前日、明治天皇は京都紫宸殿《ししんでん》において、公家、大名、百官を率い、「五箇条の御誓文」を発して、新政府の施政の基本方針を明らかにした。

一、広く会議（諸大名による列侯会議）を興《おこ》し、万機公論《ばんきこうろん》に決すべし。
一、上下《しょうか》心を一にして、盛んに経綸（国を治め整える）を行うべし。

一、官武一途、庶民に至る迄、各々《おのおの》其志を遂げ、人心をして倦《うま》ざらしめん事を要す。
一、旧来の陋習《ろうしゅう》（悪い習慣）を破り、天地の公道に基くべし。
一、智識を世界に求め、大いに皇基（国の基本）を振起すべし。
我国未曾有の変革を為《な》さんとし、朕躬《ちんみ》を以《もっ》て衆に先んじ、天地神明に誓い、大いに斯《こ》の国是《こくぜ》を定め、万民保全の道を立てんとす。衆亦《また》、此旨趣に基き協心努力せよ。

御名《ぎょめい》（御璽《ぎょじ》）

のちに明治天皇と仰がれる新帝は、このとき十七歳でしかない。

この五箇条の文章作成には、長州藩の桂小五郎、土佐藩の福岡孝弟《たかちか》、越前福井藩の由利公正《きみまさ》らがあたったといわれるが、当時の帝の立場を正しく踏まえ、新政府の決意のほどを明確にした点できわめて感動的であった。

官軍将兵たちには、この施政方針の写しが回覧された。無論、江戸城をにらむ東征軍の中にあった川路も、少し遅れてこれを読んだ。読みながらこの好漢は、涙を流したという。

江戸総攻撃を前に、彼の心を捉《とら》えてはなさない、否、心を痛めてはなれないのが諸国の治安問題であった。鳥羽・伏見の戦いで旧幕府軍が完敗し、それまでどうにか持ち堪《こた》えてきた幕藩体制の屋台骨が、それこそ根こそぎ瓦解してしまった。

官軍の一員として、大坂城接収に参加し、江戸へむけて進発した川路は、街道のそこここでくりひろげられる押し込み、強盗《ごうとう》、放火、婦女子への乱暴を目のあたりにして、何処へぶつけてよいのかわからぬ怒りを、腹中にふくらませていた。

先に入城した大坂では、旧幕府が設けた制札場の高札が打ち倒されており、無政府状態の市中へ、十人、二十人と徒党を組んだ無頼の強盗団が出没。白昼、押し込み、殺人をくりひろげていた。川路たちは交替で市中の巡邏《じゅんら》を担当したが、賊はそうした動きをあざ笑うかのように、神出鬼没《しんしゅつきぼつ》で犯罪を繰り返す。

元来なら地理にも明るい、地元の町奉行所が活躍してしかるべきなのだが、町奉行所は皆《かい》目《もく》、機能しておらず、幕府側の役人であったことが咎《とが》められるのではないか、と勘繰《かんぐ》った与力や同心は、蜘蛛《くも》の子を散らしたように何処《いずこ》へともなく消え去っていた（少しおくれて浪華隊を結成、もと与力・同心が大坂の治安回復にようやく立ち上がるが）。

なおいえば、官軍のなかにも犯罪をおかすものが少なくなかった。薩摩藩兵が何事かをすれば、それは藩内で裁《さば》くことができたが、他藩の兵については治外法権であり、見て見ぬふりをしなければ、官軍内部での抗争に発展しかねない危《あや》うさを秘めていた。

「――江戸へ逃げた前将軍の慶喜も人で無《な》しなら、幕軍のわろも、おいたち官軍も人非人じゃ。皆、人間の皮をかぶったばけもんでごわす」

川路は己れの小隊とそれにつきしたがってきた志願兵に愚痴ったが、当面、その怒りは敵の総大将・徳川慶喜へ凝縮して向けられそうであった。

「なんとしてでン、明日の江戸城総攻撃では、慶喜ン首ばおいたちであげるんじゃ。その功は末代までも残り申す」

川路の血気と同類のものが薩摩藩を動かし、新政府をまとめ、実質、その主宰者である西郷と大久保の二人においても、当面の目標となっていた。

「慶喜退穏の歎願《たんがん》、甚《はなは》だ以て不届千万、是非切腹迄《まで》には参り申さず候ては相済まず」

西郷が大久保へ宛てた二月二日付の書簡には、慶喜の厳しい処分が主張されていた。

ところが、西郷も心底望み、川路や中村半次郎らも腕をさすって待った決戦・総攻撃は、実現しなかった。それも、永遠に――。

江戸総攻撃中止の真相

徳川家の全権を担《にな》った勝は、主君慶喜の助命と江戸の無血開城を、当初から自らの役目と思い定めていた。そのため、好戦的な言動を吐《は》く旗本や諸侯を江戸城から追い出し、官軍に攻撃の口実を与えぬよう配慮して、そのうえで万一の開戦に備えての武装を固め、それらに一応の目処がつくと、〝御用盗〟の首謀者の一人として捕《とら》えられた益満休之助を、秘かに牢屋から受け出し、駿府の東征軍へ派遣する徳川家の使者・山岡鉄太郎（鉄舟・幕臣・のち天皇の侍従）につけて東海道往来の安全を確保、正式の交渉を開始した。

ときに、三月六日のことである。

これまでも大奥や御三家、神社仏閣や諸大名家など、あらゆるルートからの働き掛けが行われたが、西郷は自ら頷《うなず》くことはなかった。三月九日、山岡は駿府へ入る。

「朝敵、徳川慶喜の臣・山岡鉄太郎。願いの筋あって駿府の大総督府までまかり通る」

大声で虎のように咆《ほ》え、彼が官軍の真っただ中を突っ切ったのはこの時のこと。

その山岡は、生命懸けで西郷を説得。江戸無血開城への道をつけることに成功した。

西郷は官軍側を説き伏せ、その後、十四日に高輪の薩摩藩邸で勝と会見。再び翌日も二人は会い、さらに話をつめた結果、江戸無血開城が実現した。

実はこうした一連の経過には、イギリス公使パークスの江戸攻撃反対の意向も、大きく作用していたのである。勝と会談する前日、西郷指揮下の東海道総督府参謀の木梨精一郎（長州藩士・のち元老院議官、貴族院議員、男爵）が西郷の意を体して、横浜の公使館にパークスを訪ね、江戸総攻撃の計画を内々に伝えた。

無用な摩擦を避けるため、横浜の英仏上陸兵を一時、軍艦に引き揚げてほしい、と要請したのだが、快諾するかと思われたパークスは、前将軍はすでに恭順の意を表している、無抵抗な人間を苛酷に処罰するのは、国際的世論の批判を招くだろうと、木梨の申し出を拒絶した。それどころか、多数の市民を巻き込む戦争をあえてするならば、居留民保護の名目により、イギリス兵を出動させる、と言明したのである。

パークスの言葉を聞き、西郷は愕然《がくぜん》とした。このイギリス公使の意向を無視して江戸進攻をおこなえば、英仏艦隊を敵に廻すことになりかねない。旧幕府諸勢力に加えて、奥羽越列藩の動きもある。これ以上の敵はとても受け止められない。

パークスとのやりとりは、東征軍参加の将兵――たとえば、川路クラスの小隊長には伝えられず、新政府の温情として、以下の修正がなされた、とのみ伝えられる。

一、慶喜は水戸で謹慎
二、江戸城は明け渡しのうえで田安家（御三卿の一）に預ける

三、軍艦、兵器は一応残して、慶喜の寛大な処分が決した後、大部分を引き渡す
四、慶喜の行動を助けた者も寛大な処分とする

これにより、とりあえず明日に迫った総攻撃は中止され、大総督府にこの修正案を持ちかえった西郷は、さらに明け渡し後の江戸城は尾張藩に預けること、軍艦・兵器を一度、官軍に引き渡し、のちに徳川家へ適当な数を返す、との修正が加えられ、徳川家はこれを了承。

四月四日、東海道先鋒総督の江戸城入りが実行され、同十一日、東征軍本隊の入城をみる。

同じ日の早天（午前三時）、前将軍慶喜は上野寛永寺を出立。一路、水戸を目指した。

「徳川慶喜を誅殺して、天朝の世がおとずれたことを明らかにし、薩摩と長州が手を結んで、民衆のために新しい理想の政治をおこなう」

そうした西郷の掲げた目標は、このあとも譲歩につぐ譲歩を強要されることとなる。

江戸城を接収したものの、満足な戦闘はなく、市中に入った東征軍＝官軍は、見方をかえると江戸府内に押し込められ、逆に旧幕府勢力に包囲される形ともなっていた。

なにしろ北関東では、脱走したフランス式歩兵をはじめ旧幕陸軍の精鋭が暴《あば》れ回っており、品川の沖には国内最強の旧幕艦隊が鎮座している。府内にも上野や、反官軍を標榜する武装

集団が多くの神社仏閣を隠れ蓑《かくみの》にして、なかば公然と官軍を襲う事件が多発していた。東征軍の将兵は、江戸に不慣れな者が多い。それをいいことに、官軍の将兵が肩につけている錦布の小片を奪う〝錦切れ狩り〟が流行した。

これではどちらが勝者で、いずれが敗者かわかったものではない。

官軍の泣き所と勝の江戸奪還作戦

中村半次郎などは刀の柄《つか》に手をかけて大喝するが、薩摩藩兵の上層部は、懸命に将兵を宥《なだ》め、賺《すか》して鎮静をはたらきかけた。

なぜ東征軍はもう少し、毅然《きぜん》とした態度がとれなかったのであろうか。

江戸開城によって、官軍の弱点であった天璋院（十三代将軍家定の正室・篤姫）と静寛院宮（十四代将軍家茂の正室・和宮《かずのみや》）の身柄は確保した。パークスへの弁明もでき、城もすでに旧幕臣のものではなくなっている。

それでも、戦火に訴えて決着をつけることは、できない相談であった。もし、江戸市中で本格的な戦闘がおこなわれたとする。装備・精度、兵の質など戦いそのものでは東征軍の主力、薩長二藩は旧幕府軍を上《うわ》まわるに違いない。

しかし、半日で戦闘を終息させられるかといえば、それは不可能であったろう。

川路には、この意味が理解できた。現に兵具隊第一小隊や比志島抜刀隊＝志願兵に、「よう聞きゃい。夜に持ちこせば、地理的に優越している旗本・御家人などが一斉に決起しもんそ。そげんなったら、江戸中が放火されっとじゃ。わかいもしたか」

と、いってきかせている。もし今、江戸中を焼きつくすような大火が発生した場合、新政府は焼け出されるであろう百万市民を救済することができるか。これは不可能であった。

——東征の資金が、すでに枯渇《こかつ》していたのである。

勝はこのあたりの、新政府の泣き所を見事に読んでいた。

だからこそ、東征軍が江戸城を占拠して以降も、江戸の司法・行政はことごとく、従来通りに町奉行所の管轄下とせざるを得なかったのである。

もっとも、治安維持はとても町奉行所にだけまかせておけるものではなくなっていた。なにしろ、徳川家の謹慎《きんしん》をいいことに、白昼堂々、徒党を組んで商家を荒らしまわる盗賊団が江戸にも出没。脱走したフランス式歩兵などは、物騒《ぶっそう》な最新の銃器を携《たずさ》えて暴れ回っている。

江戸に進軍してまだ日の浅い一日、西郷は川路を江戸城に呼び寄せ、

「正どん、お前さァなら何人あれば、江戸を巡邏《じゅんら》でくっな?」

と尋ねた。西郷の問いに、川路は一瞬、言葉を失ったが、それでも混乱する頭の中で、彼は町奉行所の与力・同心・岡っ引などの役割や数を参考に、三千名と答えた。

「ほう、そげんいりもうすか」

西郷は大きな目玉をさらにひろげて、ゆっくりと頷《うなず》いた。

「——じゃどん、今は敵地でごわす。どこから乱臣国賊が出てこんともかぎりもはん。巡回には倍の、六千は必要かと思い申す」

さしもの歴戦の雄・川路も、相手が西郷となると緊張した。

己れを広い世界に引き出してくれた恩人なのだから無理もない。

(江戸留学も、報告書も、こいで生きた……)

川路には、そのことがうれしかった。

西郷はその後、勝と相談し、毒をもって毒を制すではないが、上野の諸寺院を占領して、徳川家の社稷《しゃしょく》と慶喜の護衛《ごえい》を名目に結成、慶喜が水戸へ去ってからも、山内の輪王寺宮《りんのうじのみや》を守護するとの大義名分で、居すわりつづけている「彰義隊」=千人をこえる旧幕臣中心の佐幕派諸大名連合集団に、江戸市中見巡りの任を公式に与えることにした。

四月二十八日、西郷は薩摩の藩船豊瑞丸で長州の山縣狂介(のち有朋)らと大坂にむかっている。江戸城総攻撃に肩透《すか》しをくわされた西郷にとって、次なる案件は徳川家の処分を具体的にすることであった。いつ、どれだけの家禄を与え、どこに居城させるのか。

そして、慶喜の次の主君に誰をたてるのか。西郷はこうした決定によって、関東の人心を落着《おちつ》けたいと考えた。もっとも桂小五郎改め木戸準一郎（孝允）などは、そうした早期徳川家の処分を「膏薬《こうやく》治療に類する」と一蹴している。

この度の東下は、新政府にすれば皇政一新の革命戦争であったはずだ。

その戦争を中途半端で終息させることの恐ろしさは、慶応元年（一八六五）の第二次長州征伐しかり。幕府が途中で腰砕《こしくだ》けとなったがゆえに長州は蘇生して、いまや革命軍主力一方の雄となり得ている。

慶応四年は閏《うるう》の年であった。四月のあとにもう一度、閏四月が来て次に五月となった。この閏四月、新政府は徳川家の処遇について全体評定に入ったが、容易に結論は出ず、三条実美に江戸へ下ってもらい、実地に検分してもらったうえで処置する、ということとなった。

なぜ、このようなことになったのか。家督は幼少の田安亀之助（のちの徳川家達《いえさと》）で問題なかったのだが、争点は二つあった。一つは居城、領地をどこにするか？　そして石高をいくらにするか？　早期決定を願う西郷とできるだけ引き延ばそうとする大久保、木戸の二者には大きな隔たりがあり、容易にまとまるものではなかった。

ところがこの争点を巧みに捉え、この期《ご》に及んで徳川家の再興を企てた男がいた。ほかならない、勝義邦（海舟）であった。彼は江戸を無血開城するや、徳川氏の衰勢を一気に巻き返す策を準備していた形跡がある。

このことと川路正之進（利良）は直接、何らの関係を持たない。が、この勝の画策によって、結果的に川路にきわめて強い影響力をもつ一人の男が、忽然《こつぜん》と歴史の表舞台に姿を現すことになる。肥前佐賀藩士・江藤新平――。

閏四月二十三日、全権を担って太政官代副総裁兼関東大監察使の三条実美が、西郷と一緒に東下してくる。三条は徳川家の後見人・田安慶頼《よしより》を召して、徳川宗家の家督を彼の三男・亀之助に相続させることを伝達した。ただし、領地と石高は伏せたまま――。

勝は東征軍大総督府にくり返し嘆願を行い、水戸に蟄居謹慎中の慶喜を、江戸に呼びもどして平穏を回復してほしい、と訴えた。上野に立籠る彰義隊、それに連動しかねない北関東に転戦中の旧幕陸軍脱走兵、同じく品川に沈黙を守る旧幕海軍――。

これらを鎮静化できるのは、慶喜以外にはない、というのが勝の主旨であった。

この慶応四年（一八六八）閏四月の月は、すでにみた前年の十二月の徳川家の立場と酷似していた。あのおり、大坂城にあった旧幕府軍の鎮静をひたすら祈った勝は、いままた、かつての慶喜と同じく上野、品川、北関東の三方向に不測の事態が起こらぬよう、それればかりを念じる立場におかれていた。三つの勢力が静息していることが大きな圧力となり、残された徳川家の、唯一の逆転への可能性となっていたのだから。

大村、江藤の台頭

ところがこうした勝の策謀を、遠く上方から見破っていた人物が二人いた。

一人は新政府にあって、軍防事務局判事の要職にあった長州藩士・大村益次郎である。

もとは一介の村医であったが、梅田幽斎に医学と蘭学を学び、広瀬淡窓の門に入り、緒方《おがた》洪庵《こうあん》の私塾「適々斎塾」では塾頭をつとめた。時代の要請がこの男を兵学者の道へ進ませ、宇和島藩士、幕府の講武所教授などを歴任。長州藩に抱えられて、故国へ舞い戻った。

兵学を藩士に講義しただけにとどまらず、第二次長州征伐では自ら石州口の総参謀をつとめて、迫り来る幕軍に連勝。鳥羽・伏見の戦いで、伏見方面を担当した同藩士・山田市之允も大村の弟子であったといえる。

いま一人、勝の企てを読み取り、打ち破ることで、それに乗じて己れの働きを新政府に顕示し、将来への布石を打とうとしたのが江藤新平である。

この秀才は、時勢にたち遅れたとの危機意識が、とにかく強すぎた。

鎮西の大藩である肥前佐賀藩三十五万七千石の先代藩主・鍋島閑叟《なべしまかんそう》（直正）は、〝幕末四賢君〟に島津斉彬と共に数えられたほどの人物であり、藩の富藩強兵を推進し、軍事技術では徳川幕府につぐ国内第二位の実力・実績を一代で創り上げた。

ところが閑叟は、「忘恩の王臣たらんよりも全義の陪臣たらん」とする姿勢をとり、来るべき前将軍慶喜首班の新政府において、徳川家につぐ第二位の発言力を獲得する経略を立て、薩長両藩から差しのべられた共闘の手を、にべもなく払ってしまった。そのため、俄《にわか》に勃発した鳥羽・伏見以降の政局が読めず、二月二日、息子の藩主直大《なおひろ》を入京させて、同四日、評定職外国事務局輔加勢に据《す》えてもらい、ようやく官軍の仲間入りを認められた。

肥前佐賀の出遅れは薩長土のつぎとなり（薩長土肥）、致命的とも思われたが、明敏な頭脳と強い意志力に支えられた江藤は、なんとかして現時点での退勢を挽回すべくその機会を窺《うかが》っていた。そんな彼のもとに、二つの情報がもたらされる。

一つは徳川家処遇の問題で、薩長首脳間に意見の対立があるということ。いま一つは、江戸開城後、大総督府の統制が弛《ゆる》み、その原因が西郷の手緩《ぬる》い態度によるものだ、との批判であった。当時、在京の江藤はこの機を見逃さなかった。

誠実ながら無能な副総裁・三条を説き、ついで謀略家の岩倉に理詰めの進言をおこなって、関東視察の任を拝命した。役職は「東征軍軍監」――いわば、政治斥候《せっこう》とでもいえようか。江藤は東下の名目である江戸の民政を引き継ぐべく下調べをしつつ、江戸市中を偵察しては京都へ詳細を通報。彼にすれば、新政府内で佐賀藩が発言力を増大するには、薩長を互いに牽制させせながら、他方で公家勢力である三条や岩倉と結ぶ以外、方法がなかった。

時々刻々と変転する江戸の政情や関東一円の物情を洞察し、書きまくる江藤のレポートは、川路よりレベルの高いものであった。そのことがのちに、一方を司法卿と成し、他方をその部下である〝大警視〟に据える結果となったことと、多少は関係があったかもしれない。

では、具体的にどのように現状を修正すべきか――江藤はずばり、彰義隊の掃討が急務であると主張した。しかるべきのちに、民政を計るべきだとも進言している。

江藤のレポートを読み、岩倉は一つの結論を導き出した。

彰義隊は掃討せねばならぬ。が、江戸の町を焼いてはならぬ――これが絶対条件であった。万一、江戸を火の海としてしまえば、なんのために江戸無血開城であったかわからなくなる。今の新政府には、江戸百万の被災者を救済する力など、あろうはずもない。

江戸を焼失することなく、東叡山寛永寺に拠る彰義隊のみを殲滅《せんめつ》すること——この至難の解決に指名されたのが、勝の謀略を読み取った大村益次郎であった。食い入るように江藤からの報告書を読んだ大村は、上野に籠る彰義隊を半日ほどで掃討する作戦を考える。

上野掃討戦が長引けば、府内の旗本の動静にも配慮がいる。旧幕海軍や奥羽越列藩の間で結成されつつある〝東軍〟が大挙、応援に襲来することも十分考えられた。

やるからには、これら諸条件を克服する戦術を立てねばならない。さもなければ東征軍の威信は地に落ち、徳川家の恭順も空証文に終わる。

加えて、岩倉や木戸はこの難問を梃子《てこ》にして、独走気味《ぎみ》の西郷に歯止めをかけ、ひいては薩摩藩の軍功を減らそうと画策。すぐさま大村に、西郷と代わるべき地位を与えた。それがすでに見た「軍防事務局判事」——新政府における、軍政上の最高職といってよい。

しかし、西郷の大総督府参謀とどちらが上位なのか、となるとまた別問題であったようだ。

大村を迎えた大総督府は、薩摩藩以外の協力を得て、それまでの旧幕臣への懐柔策を捨て、武断的威圧策へと意志転換を図り始めた。

同じ頃、彰義隊では相次ぐ徳川家からの圧力に、さしもの武断派幹部たちも鎮静化に知恵を絞ったが、数を頼む若い血気の隊士たちには、あまり効果がなかったようだ。

第三章　東京警視庁の誕生

官軍、方向を転ず

慶応四年（一八六八）五月一日、着々と準備をおこなってきた大村益次郎は、彼なりの目《め》処《ど》がついたのであろう。突然、江戸の警察権を徳川家＝彰義隊から、東征軍へ奪い返すことを宣言する。

彼は彰義隊戦争の戦費を、五十万両と計算していた。小銃の弾丸だけで、最低五十万発は必要とみている。大村はひたすら、戦費の調達を待った。その間、江戸大火の歴史を調べ、自身で地図を描き、大火の条件、防火方法などを慎重に分析した、と伝えられている。

とくに、明暦三年（一六五七）正月十八日の大火（振袖火事）――江戸の大半が焼け、死者十余万人を出したという火災――に興味を引かれたようで、この火災に関して大村は詳細な調査を実施している。かつて旧幕府の蕃書調所教授、講武所教授方などを務め、長州藩士となっても江戸詰が長く、府内の地理には詳しいことがこの男に幸いしたようだ。

上野界隈を往来しては地図を拵《こしら》え、それをもとに「江城日記」と名づけた戦陣新聞を発行（毎千部）、東征軍将兵へ配ったりもしている。

五月五日、そこへ〝鴨《かも》が葱《ねぎ》を背負って来る〟ではないが、なにも知らずに二十五万両という大金をもって、参与兼外国事務局判事を拝命した肥前佐賀藩士・大隈八太郎（のちの重信）が、品川へ上陸してきた。

大隈はこの大金で、かつて幕府が注文した最新鋭軍艦「甲鉄艦」を新政府として、改めて購入するつもりで来たのだが、この〝虎の子〟を有無をいわさず大村に奪われてしまう。

それでも足りない軍資金を、大村は江戸城の西ノ丸にあった旧幕府の宝蔵に入り込み、銀器から銅火鉢、屛風といったものまで持ち出しては、横浜に来日中の西洋人へ売りつけ、戦費の一部にかえたという。しかし、総額でおよそ五万両にしかならなかった。計三十万両。

残り二十万両に苦慮していた大村のもとへ、越前福井藩より新政府参与・御用金取扱（会計係）に出仕していた由利公正《きみまさ》から、二十万両が届けられた。こんなこともあろうかと、かねてより大村が手をまわしていたのだが、さすがにこの男には遺漏がない。

西郷は大村から見せられた図面を検分したが、諸藩の攻撃部署のうち、ふと薩摩藩の箇所が目に止まった。薩摩藩は正面の、黒門口に配置されているではないか。

いうまでもなく、もっとも激しい戦場となる。西郷は大村に、おもむろに問う、

「おはん、薩摩兵を皆殺しにするつもりのようでごわんなァ」

大村は静かに扇子を開閉していたが、顔を天井に向けたなりなにもいわない。

しばらくして一言、「然《しか》り」と答えた。

「――必要とあらば、貴殿にも死んでいただく」

とも発言したといわれている。西郷はややもすると亀裂の生じやすい、薩長両藩をはじめとする寄せ集めの東征軍全体の秩序を思い、この計画に賛同したという。

大村は自己の工夫した作戦図を軍議にかけるや、直ちに諸藩の兵に配布する。

地図には何処の藩の兵が何小隊、何処の何藩と連携をとりながら、さらに何処へ進む――といったぐあいに、こと細かに書き込みが成されていた。

これまでの通史では、上野戦争当日の彰義隊を約千五百、あるいは一千人と推定し、平時より半分以下に減少したことについては、意気地のない、日和見していた者が脱落したのだということで片付けられてきたが、上野総攻めは十七日早朝というデマが相当、信憑《しんぴょう》性をもって、彰義隊内に広まっていた形跡がある。

また、一旦は二十日頃という噂を東征軍側がばら撒《ま》き、それを俄《にわか》に十七日に変更したとも――それらを信じた隊士は、暇乞《いとまご》いに自宅へ戻っていたのだ、との彰義隊士の遺談もいくつか残されていた（拙著『真説　上野彰義隊』中公文庫版参照／現在品切）。

五月十五日八ツ半（午前三時）、予《か》ねて打ち合わせのとおりに、東征軍の諸藩兵が大下場《おおげば》

(今の二重橋の外)に陣列を集結。その数――二十一藩、計一万二千の軍勢であった(三十一藩とする説、三十三藩一万六千とする説もある)。

今日の総司令官である大村は、綿服と羽織袴の装い。

七ツ刻(午前四時)、霧雨の中を東征軍は出撃した。上野の死命を制する正面、黒門口に向かうのは薩摩(二百名)、因幡鳥取、肥後熊本の三藩。うち、薩摩藩は一旦、湯島天神に向かい、彰義隊の分隊を牽制したのち黒門口へ。熊本藩は不忍池畔から、鳥取藩は湯島の切通しから、めざす正面へと押し出した。この中には韮山笠《にらやまがさ》をかぶり、洋服の上に蓑《みの》を着た、草鞋《わらじ》姿の〝部将〟西郷吉之助の姿もあった。その後方には、川路の巨漢も従っている。

つづいて上野の側面や背後、つまりは搦手《からめて》に相当する根津、谷中などを受け持つ長州、佐賀、筑後久留米、日向佐土原、肥前大村などの諸藩の隊が出陣。これらが主な、攻撃部隊であった。

そして第三に、肥前佐賀藩の大砲隊が本郷の加賀藩邸(現・東京大学)から、不忍池越しにアームストロング砲をぶっ放す手筈《てはず》となっていた。

このアームストロング砲というのは、当時、世界的レベルで威力を誇った最新鋭火器であり、長距離砲撃が可能で、科学の藩・肥前佐賀が国内で唯一、二門を保有していたのを、大村益次郎が藩主・鍋島直大を説いて使用することとなったもの。

大村は佐賀藩の砲術隊長を呼び、懇々と説諭した。

「この大砲は官軍の宝であります。よって、決して敵に分捕られてはなりません。戦局が不利になったら、構いませんから持ってお逃げなさい」

〝川路の睾丸《キンゴロ》〟の由来

東征軍は圧勝をめざす軍容であった、といってよい。だが、鬼謀の大軍略家大村は、このほかに第四の切り札ともいうべき秘策を、胸中に蔵していたのである（後述）。

なお、東征軍の主だった指揮官は筒袖（天鵞絨《ビロード》をつけたもの）を、薩摩藩士は黒い毛のかぶりもの、長州藩士は白い毛、土佐藩士は赤い毛のかぶりものを着用した。

上野では、この事態にどう対処したのか。彰義隊士は夜明け前に布陣を終え、隊士は各自が持ち場に就いていた。山内は蒸れるように暑い。隊士たちはすっかり夏仕度で、隊の制服である水色打裂羽織を脱ぎ、襯衣《シャツ》一枚に袴の出立《いでたち》、それに朱鞘をぶち込んでいる。

新暦にすれば七月四日にあたるのだから、無理もない。

彰義隊およびその支援部隊は、本営寒松院を軍司令部とし、上野の八門――黒門、清水門、谷中門、穴稲荷門、車坂門、屛風坂門、新黒門、新門を目安に、各々臨戦態勢の軍兵を配置。

原則として各隊は、その隊長が平時同様指揮をとった。

開戦当初、大村の作戦では、正面と搦手は同時突撃ということになっていたが、正面軍が待機する中、本郷台の搦手からは、一向に突撃準備完了の合図がこない。じれて待つ西郷らの薩摩藩兵たちは、あまりに待たされるので、ついに砲を一発撃ち放った。小倉壮九郎（東郷平八郎の実兄）の一番遊撃半隊と、川路正之進の兵具一番小隊が、ほぼ同時に前へ走った。

事ここに至り、西郷は砲七門（一説に五門）のうち、広小路の幅を考え、四門だけを黒門口、御徒町へ押し出させ、味方を援護《えんご》するための砲撃戦の火ぶたを切った（午前七時）。

彰義隊も、黒門口はさすがに選りすぐりの隊士を配置していたとみえ、密集二列の横隊で間断なく小銃弾を撃ってくる薩摩藩兵に対して、三枚橋付近に小堡を築き、山内の山王台砲兵陣地からはフランス式野砲三門で破裂弾を発射、十二分の応酬を繰り広げた。

西郷は砲撃を許可したものの、主力兵の突撃はいまだ放たずにいる。搦手からの合図を待ったのだが、そのうち彰義隊の放つ火矢が東征軍陣地の後方に飛来し、町屋が燃え出した。

こうなってはもはや長州勢を待ってはおれぬ、と西郷は薩摩藩兵を指揮して不忍畔から町屋を潜り、正面から真っ直ぐの突入を敢行した。あとに伊勢津藩、鳥取藩がつづく。

褌《ふんどし》が、吶喊《とっかん》の中で少し緩《ゆる》んでいたようだ。まさかそこを狙ったわけではあるまいが、彰義隊士の撃った一発の銃弾が、ものの見事に川路の股間に命中した。

弾丸が睾丸《こうがん》を貫いて、後方へ抜ける感触を、川路は咄嗟《とっさ》に感じることができたという。

血の気がスーッとひいてくる。

「な、なんちゅうこつなァ……」

それでも功名に焦《こが》がれるこの巨漢は、死力を振りしぼって足をひきずるように前へ出た。

血が内股に流れるのがわかった。膝をつたって足首にさがってくる。だが、負傷を理由に後方へはさがれない。かりに睾丸を射ち抜かれて死ぬにしても、臆病ととられる行為をしては薩摩隼人は誰も悲しんではくれない。最期の最期まで気力を振りしぼり、懸命に前へ出て、一人でも二人でも道連れにしてこそ〝屈強漢《ボッケモン》〟として認められるのであった。

白兵戦はこれで三度目――禁門の変、鳥羽口での戦い、そしてこの彰義隊戦争。

さすがに場なれした川路の斬りこみは、一人、匹夫の勇をとげるだけではなく、その率いる将士を無駄なく活躍させていた。無我夢中で彰義隊と斬り結ぶ川路の耳に、アームストロング砲の飛来音がひびいたのは、それからどれぐらいたっていたであったろうか。目が不意に霞《かす》み、立ちくらみを覚えた川路は、戦場を前につんのめるようにしてバタッと倒れた。

「な、ないごっ……、川路どん……」

周囲にいた部下たちは、鬼神とすら崇《あが》めていた川路に倒れられ、周章狼狽《しゅうしょうろうばい》してしまう。

「ふ、ふんばらんか」

地面を這《は》うように、川路が逆に激励した。とにかく、この目立つ巨漢を後方へさげねばならない。川路を父とも兄とも慕《した》う兵たちは、この危険きわまりない前線でかたまって川路の前に壁をつくり、別の者二名は川路の左右の腕から肩へ手をまわし、気力を振りしぼって後方の安全地帯までとりあえず、川路を連れ出した。

「おいはもういかんごっある。あとはたのん申す」

川路は担《かつ》がれた担架《たんか》の上で、兵具方一番小隊の面々に最期の挨拶を交わしたが、収容された野戦病院で撃たれた急所を診察してもらうと、確かに銃弾は睾丸を貫通していたが、より正確に記せばそれは玉の上部、ふくろの皮の部分であり、穴はあいていたが〝玉〟に異状はなく、このますぐさま死ぬほどの致命傷ではなかった。

「そいにしてん、さすがは川路どんじゃ。よかか、もし、戦《いっさ》におそれをなしておれば、睾丸《キンゴロ》は縮《ちぢ》こまって銃弾が、それこそ〝玉〟に命中しておったでごわしょう。それがダラーッちさがっておいもしたのは、そいだけ川路どんの肝が太かったからじゃごわはんか」

薩摩藩兵たちは戦勝のここちよさもあって、この一件を〝川路の睾丸《キンゴロ》〟と称して、しばらく酒のさかなに用いた、と山下房親の回想にあった。が、この〝川路の睾丸〟――上野戦争の出来事ではなく、このあとに展開された奥州戦線においてのものだった、との伝承もあった（『薩藩出軍戦状』ほか）。

歴史の誤伝

そのことを述べるため、上野戦争を一時中断して、少し横道に逸《そ》れることをお許しいただきたい。

目を江戸の北へ向けると、慶応四年四月十日に会津と庄内の二藩が結んだ〝会庄同盟〟を底流として、五月三日に「奥羽越列藩同盟」が誕生した。

文久二年（一八六二）以来、京都守護職をつとめた会津藩は、身辺に薩摩藩をみてきて、その悪辣《あくらつ》な権謀術策と暴慢な態度に、いいしれぬ憤《いきどお》りを感じていた。

前将軍慶喜に有無をいわさず江戸へ連れかえられた会津藩主・松平容保《かたもり》は、一応、慶喜にならって恭順の姿勢をとったものの、相手が薩摩藩となれば無防備での交渉は危険このうえないとみ、二月に入ると〝鬼官兵衛〟こと佐川官兵衛を中隊司令に任命。藩兵にフランス式撤兵《さんぺい》訓練を受けさせ、また、在府の藩士を集めて自身の不明を詫《わ》び、いかなることがあっても会津藩を守り通すことを、容保は藩士たちに誓った。

江戸を去った容保は、二月二十二日に会津に帰着している。

新政府は奥羽鎮撫総督に九条道孝《みちたか》を、副総督に沢為量《ためかず》を、参謀に醍醐忠敬《だいごただゆき》を任命し、好戦的な世良修蔵（長州藩士）と穏健《おんけん》派に近い大山綱良（薩摩藩士）を下参謀につけ、仙台へ海路送りつけ、閏四月三日には福島方面から会津へ進攻させたが、会津藩に抵抗されて、あっさり撤退するといったありさまであった。

奥羽各藩の代表は、閏四月二十三日に白石に集まって列藩同盟による抗戦態勢を協議した。仙台、米沢、盛岡、秋田、津軽、二本松、守山、新庄、八戸、棚倉、相馬、三春、山形、平、松前、福島、本庄、泉、亀田、湯長谷《ゆながや》、下手渡《しもてど》、矢島、一ノ関、上ノ山、天童の計二十五藩が、正式に同盟発足に辿《たど》りついたのが五月の三日。同盟はさらに新発田、村上、村松、三根山、長岡、黒川の各藩も参加し、「奥羽越列藩同盟」となる。

意気上がる会津へ、上野の敗戦にともない逃げのびた輪王寺宮公現《くげん》法親王が到着した。五月二十八日。輪王寺宮は六月十八日に会津若松を出発して、二日後には米沢に至っている。

奥州戦線は一度、旧幕歩兵の大鳥圭介が急襲し奪い取った白河城を、官軍が再び奪還。それを同盟軍が改めて奪い返すべく、攻撃をしかけるといった形で本格化していった。

彰義隊戦争で指揮権を手中にした大村益次郎は、官軍の東日本への進攻を、「枝葉を刈り込んで根幹を枯らす」との戦略構想のもとで展開。すなわち、白河を基点に周辺の諸藩を平定し、主敵の会津・米沢・仙台へと迫ろうというのだ。

上野での圧勝（後述）ではずみをつけた大村は、越後方面へ新たに長州藩兵を主力とする増兵をおこない、六藩の鎮撫を急がせるとともに、奥州方面へは薩摩藩兵を主軸とする援軍を派兵。棚倉―三春―二本松―平―仙台、そして米沢を攻略することを命じた。

川路の兵具方一番小隊も上野落城後、この増強派兵部隊に参加。彼らは十分な休息もあたえられず、強行軍につぐ強行軍をしいられ、心身ともに疲れきって現地入りしている。川路は疲労困憊《こんぱい》の若い志願兵たちを励まし、彼らの荷物を代《かわ》りに担ぐと、行軍の列に連なった。

旧幕歩兵による白河城陥落を知らされた、東山道鎮撫総督軍（総督・岩倉大夫具定《ともさだ》）――事実上の司令官である薩摩藩士の伊地知正治は、すぐさま北上を開始。一度、敗退したものの、敵二千五百に対して味方七百の劣勢の中、巧みな牽制作戦で白河城を攻略した。

会津藩約三百人、仙台藩八十人、棚倉藩十九人、これに旧幕歩兵も加えれば六百八十二人の死者を出したのに対して、官軍側は十人の死者しか出していない。

戦史に類例を見つけにくい、圧勝であったといえる。

大村益次郎の増兵で守勢から攻勢に転じた官軍は、六月二十四日に棚倉を陥落させ、七月十三日には平城を陥《おとしい》れた。実は川路の睾丸に敵弾が命中したのはこの直後、十六日の雨の中、場所は浅川であったという。

味方の緒方藤之進とともに敵弾に倒れた、と当地の記録にもあり、横浜まで護送された川路は、横浜病院（現・横浜市中区野毛町）のベッドの上で二ヵ月の入院を命じられたとある。

かつて筆者は、彰義隊の子孫を訪ねて聞き書きを集めたことがあった。黒門口の戦いで勇猛果敢な薩摩藩兵が、死をも畏《おそ》れず飛び込んでくることに恐怖を覚えた、との遺聞にはいくつか接したが、川路利良がここで睾丸を打ち抜かれた、との確かな話は聞いていない。

おそらく、〝川路の睾丸〟の挿話が生まれたのは上野ではなく浅川であったろう。

幾つかの川路の評伝は、山下房親の回想談を鵜呑《うの》みにしているが、この種の誤解は存外に多い。傍証をとることが必要である。

ついでながら、同じ意味合いで川路自身の手に拠る「川路利良履歴資料」も、残念ながらそのままには信じられない。年号のあやまり、あきらかな作り事がうかがえる。

たとえば、書き出しの「弘化四未年、聖順院様（斉彬）未《いま》だ若様として（江戸へ）御登りの節、御供に立ち、初めて罷り登り候」とあるのも、素直にはうけとれない。

当時、川路は十四歳でしかない。軍役の志願でも十八歳と厳しい定めがあった薩摩藩において、川路は体格の良さを認められて、雑役に江戸へいったのであろうか。疑問が残る。

彰義隊を壊滅させたもの

――上野の戦争へ、話を戻そう。

午前中の戦況にかぎれば、彰義隊がわずかながら優勢であった。

彰義隊も馬鹿ではない、夜まで持ちこたえれば……、その意義ぐらいは理解していた。

「夕暮れまで戦えば、われらの勝ちよ」

立地の条件に守られた彼らには、余裕すらうかがえた。

もちろん、長引けばいずれは、東征軍に軍配があがったことは間違いあるまい。

周囲を包囲されている彰義隊には、兵站の補充すらなかったのだから。

だが、この場合、最終的な勝敗よりも、いつまで交戦状態がつづくかが重要であった。

夜になり、暗闇の世界ともなれば、それまでどれだけ東征軍に分があったとしても、戦いは逆転し、一切はご破算になりかねない。府下の旧幕臣たちを中心とする不穏分子が一斉に決起し、江戸市中の要所要所に火をつけて回る計画が、事前に彰義隊と打ち合わされていた。

正午過ぎ、大村作戦の要《かなめ》であるアームストロング砲が、本郷台より撃ち出された。

拙著『真説　上野彰義隊』が刊行されるまで、世に出された彰義隊関連の書物は、例外なく上野戦争の勝敗の要因に、このアームストロング砲の脅威を掲げていたものだ。

——曰《いわ》く、撃ち出された当初こそ、命中率は悪かったが、徐々に上野山内に落ちるようになり、その威力の前にはわずかばかりの火器と、多くを白兵戦に頼る彰義隊は敵ではなく、その破壊力は、多くの隊士を恐れさせ、敗走させることにつながった、と。

たしかに、アームストロング砲の命中率は徐々に上がっている。だが、黒門口に一発の砲弾すら当たった形跡がないように、不忍池を越えて二、三の子院を破壊したとしても、それがそのまま、彰義隊の潰走——夜まで持ちこたえられなかった理由にはならなかった。

こうした局面に、前述した大村の第四、すなわち〝最後の切り札〟が登場した。

会津からの援兵を騙《かた》って、上野山内に入り込んでいた長州の偽装部隊であった。

大村はかねてより、白昼の陥落を策し、長州の一部隊を川越街道を通って江戸から一旦離れさせ、日光街道の草加へ大迂回をさせて、前日の十四日には千住で一泊。合戦酣《たけなわ》の昼頃、新門（現・JR鶯谷駅付近）から堂々の入城を遂げさせるや、アームストロング砲の砲声を合図に、掲げていた会津の旗を棄《す》てさせ、突然、横にいた彰義隊士に斬りかからせた。

「裏切り者だーッ」

この一声は、懸命に抗戦していた彰義隊士の士気を一度に挫《くじ》いた。余裕すらもっていた彼らが潰走に移るのは、まさにこの時からであった。

暴発を押さえ込もうとして失敗した勝は、この五月十五日をどのような心境で、迎えていたであろうか。かつて鳥羽・伏見の敗戦のおり、慶喜を非難した自分が、いまやまったく同じ境遇に立たされていた。あれほど用意周到に計画し、何一つ遺漏なく手を打ったというのに——品川沖の旧幕府海軍、北関東の旧幕府陸軍脱走兵、そして上野彰義隊——この三つの存在を武器に、徳川家の復権をはかる大策略は、どこで手違いを生じたのか。

この日、勝は山岡鉄太郎と同道のうえで、大総督府に登営。その留守宅は、大村益次郎の指図による大総督府の、兵二百名ばかりの強制家宅捜索を受けていた。

勝家の隣家・多賀上総《かずさ》の屋敷を、東征軍将兵が焼き打ちしたところから察すれば、大村はあるいはどさくさに紛れ、この度の陰謀——大村から見ればのことだが——を策した勝を亡き者にしようとしたのかもしれない。

同じく五月十五日、品川にあった旧幕艦隊は、上野での砲声が轟《とどろ》くや、すぐさま戦況を視察すべく浅草まで一部海軍将兵を上陸させ、潜行させている。

もっとも、それ以上には包囲網が厳重で進めず、上野には近寄れない。いったん帰艦の止むなきに至ったものの、明日にでも本格的な支援に動く準備をはじめていた。

旧幕陸軍の脱走兵も一部は反転、江戸府内をめざしたが、何里も進軍せぬうちに上野が落ち、彼らは無念の思いで再び北へコースを戻した。

乱戦のため、昼下がりから戦況の伝えられなくなった江戸城の大総督府では、三条実美や東《ひがし》久世《くぜ》通禧《みちとみ》らが心労し、西ノ丸の櫓《やぐら》にあがったままの大村へ執拗に問いあわせをくり返した。すると大村は、時おり懐中時計を出して、もう少し待てといい、自若としている。

やがて薄暮が近づく頃、遠く上野の方向からもうもうと火焔があがるのが見えた。

「皆さん、これで始末がつきましたな」

こともなげに大村はそういい、手にしていた扇をパチッと閉じた。

あれは今、敵は逃げたとの合図です。戦いのけりをつけやすくするため、自分は意識的に三河島方面をあけちょります、とこの男は説明したであろうか。

ただし、大村は三河島方面にも伏兵を潜《ひそ》ませており、各個撃滅の計を布《し》いていて、これでなお落ちのび得た者は幸運といわねばならなかった。

彰義隊の残党追及は、明けて十六日から本格的に、執拗《しつよう》に行われた。これより二ヵ月間に及び、各所で東征軍と彰義隊の残兵が衝突。多くの場合、衆を恃《たの》む官兵が心身ともに疲労しきった彰義隊士を殺傷、あるいは捕縛した。

川路の七絶と会津落城

新政府は五月十九日、大総督府を「鎮台」と改称。同二十四日に田安亀之助をもって、駿河へ七十万石を遣《つか》わす旨、伝達した。

蛇足ながら、上野戦争のおりに川路がものした七絶に、次のようなものがある。題は「急雨」（にわか雨、『龍泉遺稿』所収）であり、以下に読み下す。

一片の黒雲、短篷《たんほう》を追ひて
海天は雨を巻き、乍《たちまち》濛々《もうもう》たり
疾風吹きて緑山の樹に入り
山上の群鴉《ぐんあ》、晩風に散る

ひとひらの黒い雲が、短い覆いをかけた小舟に追いつき、海上の空は雨を巻いて、霧雨はにわかに煙るような薄暗さを広げた。激しく吹いた風が緑の山（上野）の木立にまで至り、巣へ帰ろうと山の上に集まった多くの鴉たちを、夕暮れの風が散り散りにしてしまった。おそらく疾風は薩軍をはじめとする東征軍のことをいい、山上の群鴉は上野の彰義隊のことであったに違いない。

大村が彰義隊掃討に躍起《やっき》となっている頃、江藤新平は江戸城の書庫にうずくまりながら、旧幕府の政事むき、行政書類を点検し、すべて己れの管理下において、租税その他の財務書類を速読しつつ、旧幕府の首都・江戸の実情を分析するといった作業を倦《う》むことなくつづけていた。

常人には耐え難いような、机上の仕事が、彼には決して苦ではなかったようだ。

「帝都はおれの頭脳から生まれる」

といった気概が、江藤にはあった。

ほぼ彼が江戸の内情をつかみえた頃、彰義隊戦争が勃発、そしてあっけなく終息した。

西郷や大村ら薩長首脳陣が、討幕の実をあげることに奔走《ほんそう》、懸命の努力を傾注している時、江藤はほとんど誰もかえりみなかった江戸の行政・司法の実態を掌握《しょうあく》。それによって新政府における人事権を握り、南北両町奉行所の官軍接収を断行した。

上野の戦争が片づいて、五日目のことである。

江戸城内に陣取り、江藤は彰義隊戦争後の江戸鎮撫——民政と会計——について、ほぼ独力で諸制度を立案し、整備して、ほとんど採用されている。

その一つとして、江戸の行政機関を「鎮台」に改め、江藤以下数名が「江戸鎮台判事」という新設の職に就任した。ほぼ江戸町奉行と同等の権限、役割といってよい。否、その支配力は彰義隊殲滅《せんめつ》後、飛躍的に強化されており、江戸においては絶大なものとなった。

——この頃、いまだ江藤は川路を知らなかった。

睾丸をやられた川路が、戦線に復帰したのは九月のいつであったろうか。

すでに始まっていた会津若松城攻撃に、終盤にあったか否か微妙である。

順調に武力で「奥羽越列藩同盟」を切りくずし、寝返りを誘《さそ》いつつ、九月四日、米沢藩が官軍に降伏した。会津と庄内——かつての〝会庄同盟〟だけが、日本の本州の中で孤立する。

蝦夷地（現・北海道）に展開中の旧幕勢力も、さすがに会津救援の余力は持たなかった。

同月十二日、官軍による総攻撃＝砲撃戦がおこなわれ、雨のため一日置いて十四日に、再び砲声が若松城を囲んだ。二十二日午前十時、城門に降旗が掲《かか》げられる。

官軍の軍監は中村半次郎がつとめ、松平容保は「降伏謝罪書」をこの中村に提出。会津城はここに、落城したのであった。

――この頃、西郷は別行動であったようだ。

彰義隊戦争のあと、五月二十九日に江戸を出立《しゅったつ》した彼は、六月五日に京都へつき、在京中の藩主・島津忠義と打ち合わせをおこない、東北への増派兵をすべく、一旦、鹿児島へ帰っている（十四日、着）。そのあと西郷は、日当山《ひなたやま》温泉で五十日余の休養をとった。

八月六日、西郷は薩軍差引《さしひき》（指揮官）の資格《しかく》で、漸《よう》く編成のなった将兵を率いて鹿児島を出港。越後の柏崎《かしわざき》へ上陸した（十日）。四日後、彼は越後口で弟の吉次郎（薩摩小銃八番隊軍監）が越後の曲淵《まがりふち》村に会津藩兵と戦い、腰に受けた銃弾の傷がもとで戦死したことを知る。

西郷は庄内の鶴岡へ入る前、米沢にて髷《まげ》を切り、弟の霊を弔った。

理不尽な戦勝の結果

九月二十七日、西郷は出羽庄内藩十七万石の城下、鶴岡へ到着した。

しかし激戦はすでにおわっており、前日には庄内藩は帰順を表明している。

こちらの官軍参謀は、幕末において西郷の片腕をつとめた黒田了介（清隆）であった。同藩の吉井友美、長州藩の山縣有朋も来ている。西郷は寛大な処置で臨むように、と助言を加え、二十九日には江戸へ向かっている。

庄内藩はかつて、薩摩藩が仕掛《しか》けた〝御用盗〟に対し、江戸の薩摩藩邸を焼き打ちした経緯《いきさつ》があった。このおり四十余人を殺害した庄内藩では、官軍の主力である薩摩藩にどのような報復をうけるか、内心、気が気ではなかったようだ。一方の官軍も、降伏式が終了次第に引き揚げる、との西郷の指示に心の中で、疑念を抱いていた。

例の山下房親が、

「庄内の本心は、まだわかり申《も》はん。しばらく駐軍してん、監視してはどげんでしょうか」

と進言したが、西郷は次のように答えたという。

「庄内藩は幕府の譜代、徳川との義に忠ならんとして、時世に遅れたのでごわす。いま王道の順逆を悟り、武士が一旦、降伏を約したんじゃごわはんか。武士たる者は約定の誠を信じ、相手が頭をさげたら後ろば見ちゃなりもはん。庄内人も同じ皇民、もし再び叛《そむ》かば、また来て討ち平げればそいでよか」

西郷はこのあと京都に出、十一月の初旬には再び鹿児島へ帰り、またしても日当山温泉で静養に入った。時期的に、帰国には川路も一緒していた可能性が高い。

この間に、江戸は「東京」と改称。九月八日には年号も「明治」と改まった。九月二十日、明治天皇は京都を出発し、十月十三日に江戸城へ入ると、ここを「東京城」と改めた。直後に「江戸鎮台」→「江戸鎮将府」と変遷した名称も廃止される（やがて東京府へ）。

翌明治二年（一八六九）五月十八日、新政府へ最後の抵抗を試《こころ》みていた五稜郭が開城した。これは彰義隊戦争のあと、八月十九日に旧幕府海軍を率いて江戸湾を去った榎本武揚《えのもとたけあき》が、蝦夷地へ上陸。箱館《はこだて》（現・函館）を占領して、局地政権を樹立させたもの。一時は蝦夷全土をその支配下においたものの、結局、降参を余儀なくされ、ここに戊辰戦争は終結した。

翻って六月二日、王政復古、戊辰の戦功による賞典がおこなわれている。

島津、毛利の両藩主には永世十万石が、三条・岩倉には同じく五千石が与えられ、西郷は二千石、大久保と木戸が千八百石、大村益次郎は千五百石、下って桐野利秋（中村半次郎）は二百石、江藤新平は百石。

九死に一生の川路利良（正之進）は賞典禄八石であったが、これは薩摩藩の城下士一般に与えられたもので、もとより期限つき、永世のものではない（薩摩藩の城下士は八石以下四石までの賞典があったようだ）。ただし郷士には軍功録がなく、一石の賞典もなかったようだ。

もし、川路が出陣以前に士分となっていなければ、いかに生命《いのち》懸けの働きをしたとしても、賞典は出なかったことになる。それにしても維新革命は、川路を置きざりにして、栄達の差を大きく開きはじめた観がなくもなかった。

西郷は日当山温泉に浸かりながら、さてこれからどうしたものかと思案にくれていた。

そこへ藩主の島津忠義が直々に訪ねてきたのは、明治二年二月二十三日のことである。忠義は下剋上を押さえて、無事に藩政改革を成し遂げてほしい、と依頼しにきたのだ。

さしもの西郷も恐縮し、大役を引きうけるはめとなる。彼は一代寄合（家老格）となり、藩組織の改正で「参政」の一人となって、翌明治三年の正月まで、藩内改革を推《お》し進めることになったが、この間、箱館まで転戦していた薩摩藩兵も、続々と鹿児島へ帰ってくる（西郷は参政辞任後、相談役をつとめ、同七月より大参事となり、年末までその職にあった）。

鹿児島から京都－江戸－長岡－会津－奥羽－箱館を転戦、延べ二千キロメートルに及ぶ道のりを東征軍＝官軍の先頭に立って戦い、新政府を勝利へ導いた〝最強〟の軍団（総出軍総数八千三百人）は、一様《いちよう》に胸躍らせて帰藩したに違いない。〝ご一新〟は自分たちの手柄《てがら》だ、と兵士、軍属（足軽）の隅々《すみずみ》にまで、彼らは自負していた。

川路ではないが、この千載一遇の機会に貧しい生活から抜け出したい、その思いは誰しもが抱いた夢であったろう。ところが西郷を擁《よう》して断行された藩政の大改革は、彼らの生命懸けの期待を非情にも裏切るものでしかなかった。

なんと一門を例外として、千五百石以下の藩士＝城下士は特別の例外を除いて、家禄はすべて最高二百石止まりとなってしまった。門閥、上士は大損をすることになる。

これに対して、藩士で一番数の多い御小姓与《おこしょうぐみ》は持高を削減されていない。それどころか、御小姓与へ上士の削減分が上乗せされたといえる。

問題は、もう一つの階級であった。最高百石でしかない郷士への処遇――この百石がこの度の改革では、半分の五十石にまで大幅に削減されてしまったのである。

薩摩軍の再編と官制の大改革

文政九年（一八二六）というから、西郷が生まれる一年前の記録に拠れば、郷士は薩摩藩内に十五万五千八百三十七名であった（城下士は一万六千七百九十四名）。

幕末の沸点《ふってん》に近づくにつれ、分家した郷士の数はさらに増えている。

ちなみに、一人を養うのに一日五合で計算して年間一石八斗といわれ、四人家族ならば四石でどうにか最低限度の生活ができた。ところが、薩摩の郷士は一石未満が圧倒的に多く、なかには〝一か所〟と呼ばれる土地なしの家屋敷だけしかもたない郷士もあり、これら貧窮のどん底に喘《あえ》ぐ郷士は、なんと郷士全体の八割を超えていた。

さすがに一石未満の禄をけずるということはなされなかったが、各々の村落で郷士を采配する階層（最高職 曖《あつかい》、あるいは門閥）は、ほとんどが石高を半分に減らされてしまった。

「こいは……、今にどえらかこっになる」

卒族出身の川路は、その慧眼《けいがん》さをもって、この藩政改革がやがて藩士と郷士を分離させ、対立させることにつながる、との予感をもった。

しかもこのあと、廃藩置県がおこなわれ、身分制度が消滅。さらには、廃刀令が出る。

これまでも散々、薩摩藩にあって軽視されてきた郷士は、そのわずかばかりの誇り、身分の証《あかし》であり拠り所であったものを、すべて奪われることになる。

このことが日本の警察に与えた影響、とくに来たるべき明治十年（一八七七）の西南戦争に及ぼした波及効果は、窺《うかが》いしれないほどに大きかった、と筆者は見ている。

いま一つ、幕末、薩摩藩では藩士であれ郷士であれ、家禄が二十石以上のものは、たとえばミニェール銃を購入するなどのことが、義務づけられてきた経緯があった。

乏しい生活費の中から、どうにか工面《くめん》した金銭で、〝虎の子〟の洋銃を購入し、これをもって生命からがら遠く箱館まで遠征した薩摩の藩士・郷士にとって、明治維新の成就は自分で自分の首をしめた結果以外、何ももたらさなかったこととなる。もし、こうした結末が事前にわかっていたならば、彼らは決して戊辰戦争には従軍しなかったであろう。

藩政改革は人材の登用を謳《うた》ったが、それは城下士の御小姓与を念頭においたもので、郷士や卒族には機会すら与えられなかった。こうした藩士・郷士の不平と不満をなだめるように、西郷は軍備のさらなる拡充をおこなう。

城下士による常備〈銃隊〉四大隊、大砲隊四座、郷士による外城常備〈銃隊〉十四大隊、大砲隊三座半、ほかに予備隊三十大隊が設けられた。主力の常備隊は銃隊員一万四千四百人、砲隊員約八百人、砲六十門となる。なお、戊辰戦争で活躍した桐野利秋（中村半次郎）は一番大隊長を拝命している。

明治二年九月、川路利良（正之進）は一連の藩政改革の中、兵器奉行の要職に登った。

その三ヵ月前、正確には六月十七日、太政官は諸藩主の「版籍奉還」を許し、各藩主を知藩事に任命している。太政官首脳部の目は、次なる「廃藩置県」に注《そそ》がれていた。

その発案者は木戸孝允（準一郎）であり、推進したのは大久保利通（一蔵）であった。

――「版籍奉還」が実現した直後、太政官＝政府では官制が大改革されている。

太政官はそれまでの輔相《ほしょう》、議定《ぎじょう》を、「左大臣」、「右大臣」、「大納言《だいなごん》」に、参与を「参議」

の名称に変更。その下に民部・大蔵・兵部・刑部・宮内・外務の六省を設けた。省の長は「卿《きょう》」と呼ばれることになり、これはのちの大臣に相当した。

新政府の人事は、「左大臣」を空席のまま「右大臣」に三条、「大納言」に岩倉、徳大寺実則《さねのり》をあて、「参議」には副島種臣《そえじまたねおみ》（佐賀藩出身）、前原一誠《まえばらいっせい》（長州藩出身）を選出。ほどなく太政官から三条、岩倉を介して、木戸、大久保へ参議就任の依頼が舞いこむ。

木戸はこのころ、すでに体調を崩《くず》しており、病気を理由に固辞。かわりに長州藩出身の広沢真臣《さねおみ》（明治四年、三十九歳で暗殺される）を推薦した。大久保はまるで予定のコースでもあったかのように、広沢とともに参議に就任する。

新政府内の動揺は、明治二年から三年間ほどつづき、この間に肥後熊本藩出身の横井小楠《しょうなん》が、ついで、兵部大輔《ひょうぶたゆう》の要職についていた大村益次郎《ますじろう》が、不平士族に襲われて死亡（前者は享年五十九、後者は享年四十六）。

長州藩内では戊辰戦争の主力をになった諸隊が戦後の論功行賞の不満から、反乱、脱隊騒動を起こし、長州を代表する木戸ですら、その鎮圧にあたって一時は、生命の危機にすら直面していた。ほかにも、雲井龍雄《たつお》（米沢藩出身）の政府転覆計画なども発覚している。

西郷の出馬とポリスの関係

大久保は政府の動揺を、旧主君筋で全国の士族に絶大な人気をもつ島津久光の出馬で押さえ込もうと考え、木戸が長州で九死に一生を得ているころ、自らも帰藩して説得にあたったが、久光は大久保の申し出を峻拒《しゅんきょ》した（明治三年正月二十四日）。

大久保は散々《さんざん》、久光に新政府にだまされたという憤懣《ふんまん》をぶちまけられ、「じつに愕然《がくぜん》に堪えず」と、その衝撃を日記に述べている。もはや頼れるのは、西郷ただ一人であった。藩政改革の責任者として国許にあった西郷と話し合ったあと、大久保は東京へ引きあげている。

明治も三年目を迎えると、「何がご一新だ、何もかも悪くなったではないか」という不平・不満の声が、日本中を覆うようになる。農民は旧幕時代に比べ、はるかに高い年貢《ねんぐ》を支払わされており、諸式は急騰し、武士は生活基盤を解体されつつあった。

歴史的にみて、太政官＝明治政府ほどつらい政権もなかったろう。革命以前の社会情勢より悪くなった政権など、聞いたことがない。しかし、新財源をほとんどもたない日本の場合、近代国家に必要なものを一つ輸入するためには、新たに一つ租税《そぜい》を設ける以外、なんら対処法がなかった。すべての無理・無体は農民に皺寄《しわよ》せされ、そのために各地で一揆《いっき》が起きた。

「新政府は洋夷のまねをしやがる」

といきまく尊攘派、国粋主義の士族も、全国で不平・不満の輪を広げている。

この天下騒擾《そうじょう》の中で日本を立て直すためには、西郷隆盛の出馬を願う以外、切り抜ける方法を太政官は持たなかった。

一方の西郷はこの頃、早くも立身出世に目の色をかえる新政府の官僚たちに愛想をつかしていた。新政府の驕《おごり》、高ぶりを正《ただ》そうと、西郷は大久保の上京要請を承諾する。けれども、西郷にはこれといった次なる具体的な目標、抱負がなかった。

そこへ明治二年三月から、欧州留学に出ていた実弟の従道《つぐみち》（信吾）が帰国してきた（明治三年七月）。従道はフランスに滞在して軍政の研究をし、併せて警察、鉄道なども視察。太政官の西郷呼び出しの要請もあり、帰国後、鹿児島に一ヵ月以上滞在し、欧州の見聞を兄へ熱心に語って聞かせた。その中に――、

「フランスにはポリスっちゅうもんがあり申してな。こいはほんに便利なもんでごわした」

従道が西郷に語ったとされる挿話も、この時のもの。

パリの街角で道に迷って難渋していると、兵士のような服装をして、手に棒を持った男が、親切に道を教えてくれた。聞けばポリスは市民の保護、街の警備、犯罪の摘発、犯人の逮捕をおこなう職であるという。これは日本の帝都にも必要だ、と従道は痛感し、西郷に語った。

このとき、藩政改革で職を失った、あるいは生活に困窮する藩士と郷士の処遇《しょぐう》に頭をなやませていた西郷は、従道の話を聞き、これこそ彼らにとって又とない就職先だ、と考え、廃藩置県後に実施へ移すこととなる。

ちなみに、「POLICEMAN」は幕末、すでに単語として日本へ紹介されていた。弘化四年（一八四七）発刊の『英華字典』には、「衛役」、「門班」と訳出されている。

では、実際にフランスのポリスを見た日本人の最初は、となると、記録上でいけば栗本《くりもと》鋤雲《じょううん》あたりではなかったかと思われる。幕臣として親幕派であったフランスへ、幕仏同盟の締結を目指して安芸守鯤《あきのかみこん》として、鋤雲は慶応三年（一八六七）八月に渡仏している。

のちに『暁窓追録《ぎょうそうついろく》』の題でまとめられた鋤雲の仏国滞在記の中に、次のようにあった。

「ポリスは市中巡邏《じゅんら》の小官なり。陸軍兵士中の謹飭《きんちょく》なる（慎み深い）者を撰用すといふ。遠山形の帽子、蟬翼《せんよく》様の外套《がいとう》（オーバーコート）にして、腰間に鉄鞘刀を帯《お》べり。人一目して其ポリスなることを知る可《べ》し。常に市街に満布し、大雨烈風と雖《いえど》も、屹立して不動或《あるい》は随処に徘徊し、以て非常を警《いまし》む」

ほぼ右には、これから川路利良によって輸入される「巡査」の像が書き止められていた。

蛇足ながら、文中の「巡邏」は巡察の兵＝「邏卒」と同意義語である。

もとは漢語であり、『唐書』温庭筠《おんていいん》の伝に、

「夜酔ひ、邏卒の為に其歯を撃折《げきせつ》せらる」

とあるところから、かなり古い言葉で、日本にも早くに入っていたものと思われる。加えて幕末、上海の外人居留地などでしきりと使用されるようになり、欧米人の口を経て、改めて日本へ入ってきた経緯もあった。そのためであろう、明治四年十二月に起稿し、同月二十五日に定稿のなった『邏卒《らそつ》勤方問答《つとめかたもんどう》』（訳者・大築拙蔵《おおつきせつぞう》）は、イギリスの警察が使用していたテキストを翻訳したものであったが、やはり「邏卒」が単語として採用されていた。ついでながら、日本で最初に近代警察官を誕生させたのは東京ではなかった。大築が訳官をつとめた神奈川県が、まず先鞭《せんべん》をつけていた。

明治五年には『上海邏卒規則』（四月二十八日定稿）も刊行され、『横浜沿革誌』などに拠れば明治五年正月の時点で、横浜市街及び外人居留地には邏卒総長、検官区長のポストが定められており、邏卒が巡邏していたとある。東京に「番人規則」（詳しくは後述）が設けられ、邏卒が活躍するようになるのは明治六年正月のことで、横浜より一年のちのことであった。

神奈川県の横浜は東京に先んじて、上海や香港のポリスを参考に実施へ移したわけだ。ときの県令は、坂本龍馬の弟分・陸奥宗光《むつむねみつ》（土佐海援隊出身）であった。

横浜の邏卒は紺ラシャ洋服に革帯を締め、取締長（部隊の長）は帯の後部に真鍮《しんちゅう》製の板に「ポリス」の三文字を現し、「取締」（長の下の幹部）は漆で書いた羅紗の蔽《おおい》、あるいは饅頭笠をかぶり、二尺ばかりの木剣を携えていた。

廃藩置県の実施と奸物・山縣有朋

もっとも、「邏卒」の呼び名は別として、江戸＝東京でその役割をになう、治安維持にあたったのは、慶応四年（明治元年）の春では彰義隊。上野戦争終了後には、すでにみた江藤新平の市政裁判所がこれに相当した。

ただし、一時は無政府状態に陥っていたこともあり、東征軍＝官軍が警備をうけもち、翌明治二年十一月からは諸藩の兵の選抜＝「府兵」を「取締」と公称。横浜のポリス＝邏卒は、正式には「居留地取締」と呼ばれた。過渡期の名称として、「取締区兵」というのもあった。「邏卒」が広く知られるようになるのは、明治四年七月の藩兵による「取締」が廃止され、市中警固のために同年十月、川路らの奔走で邏卒三千人が配備されたことに始まる。

――話が少し先走った。まずは、邏卒誕生の前提となる廃藩置県である。

やかまし屋で傲慢《ごうまん》な英国公使パークスをして、

「わが欧州において、かくのごとき大変革は数年のあいだ兵馬を用いるにあらざれば成功期《き》すべからず。これを世界未曾有《みぞう》の事業にして神為《しんい》（神のしわざ）というべし」とまで感嘆させた、日本の明治維新＝大革命は、革命戦争を仕掛けた勝者が、その手に入れた特権を放棄するという、無償と自己犠牲による世界史上に例をみないものであった。

このいわば奇跡は、巨星・西郷の出馬なくしては不可能であったろう。西郷は弟・従道の話を聞き、いくらかは己れの目指すべき方向性を摑《つか》んだようであった。

西郷、大久保、木戸の三人がまずは話し合い、土佐藩出身の板垣退助を訪ねたあと、明治四年（一八七一）正月七日、薩長土の三藩に御親兵（天皇直属の兵）の召集を命ず。

六月までに薩摩藩歩兵四大隊、同砲兵四隊、長州藩歩兵三大隊、土佐藩歩兵二大隊、同騎兵二小隊、同砲兵二隊、計一万の軍団が東京に集結した。

この兵力を掌握したのは、陸軍大将兼任の都督《ととく》（帝都総司令官）に就任した西郷隆盛であった。いよいよ、第二の維新ともいわれる「廃藩置県」がはじまる。

ここでどうしても一人の人物について、触れておかねばならない。西郷従道と一緒に欧州へ留学していた長州藩士・山縣有朋（狂介）である。

山縣は藩の、足軽の身分に生まれ育った。薩摩藩でいえば、川路の与力と同格か下位となる。槍と詩文に才があったというが、幕末期、狂走する長州領内に生まれ、わずかばかり吉田松陰と面識があったことから門人を私称し、しかも奇兵隊に入隊していなければ、おそらく山縣は歴史に名をとどめることはなかったろう。藩内の混乱に乗じ、彼は着実に地歩を築き、長州藩が有為《ゆうい》な人材を次々と失っていく中にあって、運強く生き残り、明治以後、長州藩閥の恩恵により、いきなり陸軍中将となった。

この男の特質は、旧幕時代から長州藩の革命陣営——つまり尊攘派に属していながら、石橋をたたいて渡るような用心深さで、少しも「志士」を気どらなかった点にある。

高杉晋作のような天才を擁しても、その神算《しんさん》鬼謀《きぼう》の才覚に巻き込まれることなく、いつも自身は客観的に、一歩下がって堅実に実務をとりつづけた。

山縣は高杉の死後、入れ替わって長州藩の軍事をしきった天才戦略家・大村益次郎の下でも実務をとりつづけ、大村が新政府に出仕し、兵部大輔として海陸の官軍を率いたおりも、その風下に立ち、まがうことなき有能な補佐官に徹した。

そんな山縣が、能動的に日本の陸軍を握るのは、大村が暗殺されてからである。

後任の前原一誠（長州藩出身・吉田松陰門下）は理想主義者だが、実務能力がなかった。

山縣はまず、陸軍内の長州勢力を手中におさめた。しかし、それだけでは晩年、「元老」

として国政の決定権を握ることはできなかったろう。山縣がのちの地位を決定づけたのは、大村益次郎が残した国防軍構想（徴兵制）を仕上げたことに起因していた。

その徴兵制が、「廃藩置県」にからんで急浮上したのだ。

もっとも、山縣には大村のもつ明確さが欠けていた。大村なら新国家建設のじゃまにこそなれ、なんの役にも立たない御親兵を含む軍隊の二元化は否定し、さっさと、

「近衛軍（御親兵の新称）を解散する」

とやったであろうが、山縣は腫物《はれもの》にさわるように近衛軍には手をつけず、自らの国防軍創設だけに専念した。下手に手を出すと大村同様、不平士族に暗殺されかねなかったからだ。

山縣は強力な保護者を求めた。本来なら出身藩＝長州閥の首領・木戸孝允こそが、庇ってくれねばならなかったが、山縣は人物を見透かされて木戸に嫌われており、窮状に手をさしのべてくれたのは薩摩の大久保であり、その意を汲《く》んだ西郷であった。

大久保は遠くない将来、各地の不平士族と対決しなければ埒《らち》があかないことを、国許の鹿児島、あるいは長州などを目《ま》の当たりにして実感していた。下剋上である。戦国時代から闘魂を培《つちか》ってきた士族たちの血が、新政府を不満として戦いを挑んでくるのは必定である。

士族に対して、士族をかみ合わせるわけにはいかない。いつ連合して反旗を翻《ひるがえ》すか、し

れたものではなかった。好むと好まざるにかかわらず、新政府＝太政官は徴兵による農民兵に頼るしかなかった。それゆえにこそ、大久保は藩閥をこえて山縣を擁護していた。

この山縣には、人間として幾つかの欠点があった。なかでも、金に汚いという悪評が生涯つきまとっている。西郷、大久保は、木戸同様、私利私欲の徒が嫌いであった。

が、徴兵制と表裏一体の「廃藩置県」に関連して、山縣が示した一片の誠意を認め、他の欠点に目をつぶったといわれている。明治四年、初夏のことであった。

西郷のもとを訪ねた山縣は、応援に現れた西郷に、

「閣下が賛成してくださらねば、刺し違える覚悟であります」

山縣は捨て身になって、西郷の懐《ふところ》に飛び込んだ。

西郷は山縣の変革案を聞いたあと、木戸の意見を質《ただ》し、了解している旨を山縣が述べると、

「おいのほうは結構でございます」

と、丁重に答えたという。

第二の維新と西郷と江藤

明治四年七月九日、木戸孝允の屋敷で太政官の最高首脳会議が召集され、長州の木戸、井

上馨《かおる》に対して、薩摩からは西郷、大久保、さらには西郷従道、大山巌《いわお》が出席した。

山縣はあえて表面には出ない。そしてこの日に決定された「廃藩置県」――読んで字のごとく、それまで存在していた藩を廃止し、新たに県を置くという空前の大事業は、西郷という巨星の存在によって、無事断行されたのであった。

明治四年七月十四日に発令されたこの政治の根本的改革により、かつての藩主＝知藩事は東京に集められ、家禄と華族の身分を保証されたものの、東京への定住を強要された。

また、これまで諸藩に納められていた年貢は、政府の管轄下に移り、各県には政府が派遣した県令が新たに任命されることになった。いわゆる、中央集権化の完成である。

当初は三府三百二県――のち、三府七十二県に改置。政府はこの未曾有《みぞう》の改革に当然、各地で反乱が起きるものと予測し、その鎮圧に一万の親兵を以って備えたが、騒然たる会議の席上、西郷が大音声を以って、

「このうえもし、異議がおありならば、拙者《せっしゃ》が兵を率いて打ち毀《こぼ》ちますぞ」

そう言うと、すべての論議はおさまり、結局はどこからも火の手はあがらなかった。

むしろ幕末以来の赤字財政に苦しんできた藩主たちは、自分たちの生活を保障してくれ、旧幕時代の負債を新政府が肩代わりしてくれるとあって、この大改革を歓迎している。

ところがここに、ただ一人、例外的にこの大改革をすっぱり、否定した超大物がいた。ほかでもない、日本史上最大の拗《す》ね者、島津久光である。

「廃藩置県だけはいたすな、大名も藩も残せよ」

と、これまでも西郷、大久保に念を押していた。にもかかわらず……。

「其ノ職ヲ免ズ」――一片の辞令によって、三百年の体制が幕を閉じたのである。

久光の激怒は凄まじかった。それを察した大久保は「廃藩置県」の直後、まだ全国の士族たちが茫然《ぼうぜん》としている間に、さっさと欧米諸国への外遊に出発してしまう（明治四年十一月十二日）。しかし、留守を押しつけられた西郷はたまらない。士族たちが自分たちの没落＝「廃藩置県」の落とし穴に気づき、鳴動しはじめるや矢表《やおもて》に立たされた。

踏みつけにされた旧主筋の久光の執拗《しつよう》な抗議は、直截《ちょくせつ》に留守政府へ向けられたが、その首班こそが西郷であった。この英雄は、憂鬱《ゆううつ》病に沈みながら自死を考えたほどであった。

だが、自らが死んでも全国二百万人以上といわれる士族を救済することにはならない。この窮地を救うものとして、西郷の生涯を決定づける「征韓論《せいかんろん》」が生まれたのである。

廃藩置県のあと、彼が「征韓論」に活路を見出していなければ、西郷は明治十年以前に自殺していたのではないか、と筆者は推測してきた。

自らの生命《いのち》を絶つ愚かさを知らない人ではないから、西郷は肥満のために悪くしていた心臓病を放置することで、自然に死に近づく工夫をしたのではないか。その証拠に、「征韓論」が浮上してから急に、西郷は心臓病の診察を積極的に受けはじめている。

この西郷の「征韓論」を積極的に後押《あとおし》したのが、留守政府の実力者となっていた江藤新平であった。「東京警視庁」は、この特殊な情勢の中から誕生したといってよかった。

明治四年七月十八日――「廃藩置県」の四日後、それまでの「大学」が廃止されて文部省が創設された。卿（大臣）の任命はまだなく、次官級の文部大輔に江藤新平が任じられた。けれども彼は、八月四日には早々と左院に転出となってしまう。これは七月二十九日に行われた、太政官制の改革――正院・左院・右院の三院が設けられたことによるのだが、新政府は江藤の頭脳を何処でも必要としていた。

正院とは、天皇が太政大臣や大納言、参議らの輔弼《ほひつ》をうけて庶務を総轄するところ。左院は、議院諸立法の事を議するところであった（右院は各省の長官が集まり、行政についての審議をするところと定められた）。

江藤はこれまでも佐賀藩の藩政改革で抜けた時期を挟《はさ》み、江戸＝東京の民政を担当してきた。あるいは、「中弁《ちゅうべん》」（現在の内閣官房と法制局を兼ねたような職務）として、国政改革の草案に、目のさめるような異能＝法治的頭脳も発揮している。

たとえば、「兵部省」の解体案——陸軍・海軍の両者分離（明治五年二月に実現）。民部省の廃止（明治四年七月実現）。刑部・弾正を併合して司法台（省）を設置する案（明治四年七月実現）など、いずれも江藤なくしては迅速果敢《じんそくかかん》に実行には移し得なかったろう。

江藤はつとめて軍事を語らず、行政の表面からもはなれ、薩長藩閥とも事《こと》を構えずに、一方では岩倉、木戸の信任をとりつけ、藩閥から超然とした立場で、専ら新しい国家の諸機関、法律の整備にあたっていた。

この天成功名心の強すぎる男は、政府内に自らの地盤を固め、拡大し、そのうえで薩長の二大藩閥と対決するという方法が、一見、迂遠《うえん》にみえて、国家を動かす早道《はやみち》であることを知っていた。権力をにぎらねば大きな仕事はできず、大きな仕事をこなさなければ政府内での発言力は向上しない。そのためにはつとめて、非藩閥の人材を登用してきたのだが、江藤には大人の配慮、つまりは政治が理解できていない部分があった。

才能のある逸材を見出すと、相手かまわず打倒・薩長藩閥を語り、相手が一瞬蒼ざめる毒舌を述べることが、少なからずあったようだ。猫をかぶっていても、つい純粋で一徹すぎる本性が、首をもたげたのであろう。

邏卒総長と「警保寮」

その理想主義者が明治五年四月二十七日、左院から司法卿に昇進した。いきおい、翼を羽ばたかせて浮揚をこころみるように、その言動はより露骨《ろこつ》となる。ときに、江藤は三十九歳。司法卿のイスにすわった彼は、この省をもって立法権を独占し、日本国の法律や法令のすべてを、わが手で創出しようと考えた。「司法事務」の五ヵ条を作って正院の承諾を得ると、「訴《うったえ》を断ずる敏捷《びんしょう》便利公直。獄を折《せっ》する明白至当にして冤枉《えんおう》(無実の罪)なく、且《か》つ姦悪を為す者は必ず捕《とら》へて折断敢《せつだんあえ》て逃《のが》るるを得ざらしむ。是を本省の職掌《しょくしょう》(職務)とす」

檄文のような「司法省の方針を示すの書」を述べて省員の心得《こころえ》を示し、八月には「司法省職務定制」(二十二章百八条)を制定し、司法の独立をくり返し主張した。

そのとっかかりとして江藤は、当時、府県の知事に与えられていた訴訟断罪の権限を中央に統一すべきだ、と頑強に主張。太政官はこれをみとめ、司法調査、研究のため欧米諸国の実情をみてまわることを江藤に命じた。

けれども、江藤は多忙すぎて洋行ができず、そのかわりに八人の代理を欧米諸国へむかわせることに。その一人が、川路利良であった。明治五年九月のことである。

各々テーマが与えられていて、川路は邏卒の調査・研究を命じられた。

戊辰戦争で活躍した川路が、薩摩藩の兵器奉行に取り立てられたことはすでにふれた。おそらく明治四年七月の「廃藩置県」を断行すべく集められた親兵の中に、川路も含まれていたのであろう。しかし、太政官が懸念したような武装決起はおこらなかった。

それを見届けた西郷は、すぐさま宮廷の宿弊を打破し、天皇を英邁《えいまい》なうえにも豪快な人物とすべく、宮内大丞に吉井友実、村田新八など薩摩隼人を登用し、侍従にも山岡鉄太郎（鉄舟・旧幕臣）、島義勇（肥前佐賀藩出身・のち佐賀の乱の一方の頭目となる）、高島鞆之助《とものすけ》（薩摩藩出身）、米田虎雄《こめたとらお》（もと肥後熊本藩家老）ら武骨で気概のある人々を配した。また他方では、親兵の解散をおこない、それに応じて川路を東京府大属《だいさかん》に任じた。ときに、三十八歳。

約三ヵ月後の明治四年十月二十四日、川路は東京府権典事《ごんのてんじ》に進み、第五区総長を兼任。同年十二月には、さらに典事《てんじ》となっている。それでなくともポスト不足の鹿児島県へ戻っても、川路にはこれという職が用意できない、との配慮からであったろう。

同様に西郷は、邏卒三千人を東京府に配して、争乱の余韻《よいんさ》醒めやらない帝都を守護させることを大義名分に、失業士族の生活を少しは保障しようと考えた。身体強健にして、品行方正な薩摩郷士一千人を、鹿児島より徴集してくるように、と西郷は東京府の官吏となった川路に命じる。

バランスを取るために、他府県からも二千人が徴募され、計三千人をもって、東京府下を六大区に分割（各大区をさらに、十六の小区に分ける）。そのうえで、大区には総長ひとりと差添役四人（小区には組頭と組子三十人）を置いた（明治五年四月、さらに二千人増員）。

明治五年五月二十三日、川路は六人の邏卒総長の一人として、五大区＝浅草元鳥越猿屋《もととりごえさるや》町《ちょう》（現・台東区鳥越周辺、人口十三万四千四百六十三名）を担当。六月十五日には、正七位に叙せられている（残りの五人は、安藤則命《のぶなが》、坂元《さかもと》純熙《すみひろ》、国分《こくぶ》友諒《ともあき》、田辺良顕、桑原譲）。

なお、このおりの邏卒総長の給料は七等＝百円であった。白米が標準価格米十キログラムで三十六銭、東京・銀座の四丁目付近の一坪が五円した頃のこと。

邏卒総長となった時、川路の心中はいかばかりであったろうか。公私にわたり記録の類は、沈黙している。川路の漢詩を集めた『龍泉遺稿』（前出）にも、それらしい詩はみうけられない。内心、さぞ複雑な思いであったろう。否、不満であったにちがいない。

川路は新生日本の軍人として、大成することを欲していた。低い身分の出身から、民政に関心は持っていたが、立身出世するならばやはり軍隊である、との思いは強かった。それが、出身身分ゆえに邏卒総長の道を歩むことを余儀なくされてしまったのである。

同じ時期に、解散した親兵の中から選《え》り抜《す》ぐりを集めて再編された近衛軍には、桐野利秋（中村半次郎）が陸軍少将に任じられていた。彼は郷士あがりの御小姓与であった。川路も「一代藩士」とはなったものの、出身は卒族の与力であり、武士階級を配慮する西郷の選択では、近衛の将官には加えてもらえなかった。

聞けば薩摩の藩士は近衛へ、郷士は邏卒へと西郷は区分けしているという。

（そういうこつ、ごわすか）

川路の心の中に、コトリと落ちるものがあった。失望感と諦《あきらめ》、納得と新たな決意。

（そんならば、そいでんよか。おいはおいの定められた道ば行きもそ）

川路が邏卒総長の任についてまもなく、この年の八月二十三日、「東京府邏卒其省管轄被仰付《おおせつけられ》候事《そうろうのこと》」との達しが司法省に出た。それまで東京府に一任されていた邏卒を、司法省直属に引き上げることになったのである。いわば地方警察から国家警察への移管であり、これに応じて八月二十八日に「警保寮」が設置された。

事実上の警視総監第一号は島本仲道!?

この頃、「司法省はのちの局にあたる寮＝「明法寮」（新しい法律の起草、外国法律の研究、法律学生の教育）を一つ持つのみであった。この「明法寮」は一等寮であり、頭《かみ》は三等官で勅任であったのに対して、新設された「警保寮」は二等寮で頭は四等官、勅任《ちょくにん》（天皇の任命）ではなく奏任《そうにん》（政府が任命）の筆頭に位置づけられることになる。

この警察を専管する中央部局「警保寮」の頭には、司法大丞兼大検事（現在の最高検察庁検事）の島本仲道《なかみち》（土佐藩出身）が九月二日付をもって任命された。ときに、四十歳。

直属の上司は、司法大輔の福岡孝弟（土佐藩出身）であった。

――筆者は、事実上の警視総監第一号は、この島本でもいいのでは、と考えたことがある。

この人物は天保四年（一八三三）、藩の軽輩の子として生まれ、はじめに審次郎と称した。

天性英邁剛直、機鋒の鋭いうえに学問があり、剣は幕末三大流儀に数えられた、鏡新明智《きょうしんめいち》流の桃井春蔵《もものいしゅんぞう》の塾頭をつとめたほどの腕前。土佐勤王党に加盟し、同党が武市半平太の切腹で消滅したとき、「永牢（終身禁錮）」に処せられ、獄中生活を送っていた。

それが〝ご一新〟となり、一転して松山藩征討の官軍に加えられ、明治二年には兵部省の御用掛となり、五条県（現・奈良県と大阪府と和歌山県にかけて置かれた県）に出仕したかと思うと、兵部権少丞、北条県（現・岡山県東北部）大参事、明治四年三月には東京府権少参事に転じ、十月には司法省へ移って少判事―司法少丞と累進している。

あの自信家の江藤新平をして、

「仲道あり、天下また恐るるに足るものなし」

とまでいわせた硬骨漢で、山縣有朋が陸軍御用達の山城屋和助と贈収賄《ぞうしゅうわい》事件を起こしたおり、当初、兵部省はこの一件を省内で極秘に解決しようと画策《かくさく》した。

それを怒った江藤が直談判に乗り込もうとしたとき、止めてかわりに兵部省へ出向き、すべてを司法省にひきとって帰ってきたのが島本であった。

ちなみに、川路利良が欧州の視察から帰国して提出した、有名な「警察制度についての建議」（後述）の宛名は司法卿の江藤ではなく、警保頭の島本であった。

ついでながら、「警保寮」には発足とともに「権助大警視」という階級（七等）がつくられ、六人の邏卒総長はみな、この位に引き上げられた。

六人に差がつくのは、川路が欧州へ出発する直前のこと。川路と坂元純熙が「助」（局次長）に任命されて「警保助大警視」となった。川路が日本を留守にした一年間、実際に「助」の仕事をしたのは坂元であったといえる。そのため席次は坂元が上、安藤則命は「助」になったものの、間もなく「中検事」に転じた。

兼任の川路、坂元をのぞいて、田辺良顕と国分友諒は専任の大警視。桑原譲は退いている。

大属、検官、出仕などの人々が、大警部、少警部などの名称に転官した。明治五年十月二十八日付で六大区の長は、「少警視」（第二大区は権少警視の津川顕蔵）と呼ばれることに。

当時の職制によれば、大警視は「各府県に派出し管下警保のことを監督し、少警視及び警部、巡査を総摂し違式以下の罪決し難きを処断す」とあった。

文献的に類推するに、専任の大警視二人のうち東京府下の警察管掌を田辺が担当し、大検事を兼任する島本の補佐を国分がやっていたように思われる。

それにしても東京の警察のみならず、同時に全国的な警察の仕事をこれだけの幹部でみていたというのは、驚嘆《きょうたん》に値する。明治以降、今日まで使われている「巡査」の名称は、明治五年十月二十日の公布がスタートであった。一等から三等まであり、一等の俸給が十円、二等が八円、三等が七円とある。

この頃、「番人」（番太、番太郎）と呼ばれる巡邏の役が別にあった。旧幕時代の「自身番」で、建物は番屋と呼ばれ、もともとは町内の人々が交代で詰めたもの。

巡査はこの番人の監督を職務とし、翌六年一月二十五日に実際に各々、配置された。

このおり、巡査にはまだ制服がなく、私服であったので身分を証明するために、小型の木札の表面に「警保寮」の焼印を押し、肩に番号を書き、裏面には大区、小区、役名、姓名を記入したものを携帯させた。のちの、警察手帳の走りといってよい。

明治六年一月（太陽暦に移行）の時点で、邏卒と巡査と番人の三者が並立して存在していた。番人十人ごとに巡査一名を定員として、各小区に分派するのだが、邏卒が官給であるのに対して、巡査と番人は民給であった。

すべてが統一され、邏卒を巡査と改称し、番人を廃して優秀な者のみ巡査へ吸収して、東京の警吏が巡査一種となるは明治七年一月九日、「警保寮」が廃され、「東京警視庁」が誕生し、管轄《かんかつ》が大久保利通率いる内務省に移るのを待たねばならなかった。

それはまた、欧州視察を踏まえた川路利良による、警察大改革の成果でもあったのである。

大久保の大蔵卿《おおくらきょう》就任の経緯

明治四年七月の「廃藩置県」に対応し、大久保は自身を実質的な政府の宰相《さいしょう》とすべく、大いなる賭けに出た。まず大久保は参議を辞任、大蔵卿の任命を受けた（六月二十五日）。

これは正院に三条、岩倉、西郷、木戸の四名を参議として残し、他の参議を一格下げる人事の意味合いをもっていたようだ。

ところが、「廃藩置県」の成立とともに、板垣退助と大隈重信が参議に任ぜられた。

これで公卿二人のほか、薩長土肥の四藩出身者が各々一人ずつとなったわけだが、翌十五日、大久保は突然、大蔵卿を辞《や》めて、「宮内省へ転出させてくれ」と三条にいい出した。のみならず、連日のように三条、岩倉、西郷、木戸のもとを訪ね、転任運動をくり返す。

なぜ、大久保はこの時期、このような挙に出たのか。一言でいえば、国政の中心を自《みずか》らの手で握る意図によるものであった。そもそも明治二年の「版籍奉還」のころ、日本の内政（地方行政・民生・勧業・土木・交通通信）担当は民部省であり、大蔵省は会計出納《すいとう》所に毛のはえた程度の職能しか与えられていなかった。

ところが、大蔵省が徴税の関係で地方官を監督下においたため、両省の仕事が重なり、結果として両省首脳の兼務が進められ、一時、合併したのも同然となったのである。民部・大蔵の両省に勢力をもったのは、長州の木戸と肥前佐賀の大隈重信の系統であった。

「両省が一つになれば、政府のなかにもう一つの政府ができてしまう」

この合併が長州・肥前佐賀の藩閥を益するとみた大久保は、肥前佐賀藩閥内で大隈と主導権争いを演じていた江藤新平と語らい、一度は内務省設置に動いたもののうまくいかず、岩倉とも図って明治三年七月には、〝次善〟の策として民部省と大蔵省の切り離しを断行。大隈や伊藤博文《ひろぶみ》の両省兼任を解き、大久保自身は民部省御用掛（民部卿代行）となった。

――その解体した一方、大蔵省のトップにふたたび大久保は就任したのである。おそらく大久保は、「しまった」と柄《がら》にもなくうろたえたにちがいない。こんな巡り合せになるならば、〝政府のなかの政府〟を分解すべきではなかった、と後悔したはずだ。しかし、いまさら自分の口からは再合併はいい出せない。そこで大久保は、苦肉の策として政府に揺さぶりをかけたのである。すでに事実上の宰相として、国政を切り盛りしてきた大久保にすれば、いまさら「卿」の下の次官ポスト「大輔《たゆう》」に就くわけにもいかない。

残っているイスといえば宮内卿のみであったが、この時期、このポストは公卿出身者に限るとの不文律があった。

つまり、事実上、大久保の転出先は存在しなかったわけだ。転任が不可能となれば、大蔵卿留任しか方法はない。大久保は暗に、民部省を大蔵省に吸収合併し、その人事も一任してほしいということを語りつづけた。すでに江藤による、民部省廃止の草案は提出されている。

七月二十三日、長州藩出身の民部大輔・井上馨《かおる》が大久保のもとを訪れ、両省合併の話を持ち込んだ。二日後、再び井上は大久保を説得。同月二十七日、正式に大蔵省が民部省を吸収合併することが決定した。井上はその論功行賞によって、大蔵大輔となっている（このあと、井上にはどんでん返しが待っているが、それは後述に譲る）。

かつて大蔵卿と民部卿を兼ねた大隈重信こそ、いい面《つら》の皮《かわ》であったろう。

こうして大久保は軍事と外交以外の、政府機構の過半の権限を大蔵省に集め、諸卿に冠たる実権を握ったのであった。国家財政のみではなく、資本主義化政策の中央機関として強大な権限をもった大蔵省は、平民に苗字《みょうじ》を許し、戸籍法を制定。脱刀ならびに士族、平民間の通婚の自由を認め、そのほか府県官制など、わずか一年の間に多くのことを改革推進した。

明治四年（一八七一）十一月十二日、近代日本の命運を担って、大久保も加えた右大臣・岩倉具視《ともみ》を全権大使とする、約五十名の使節団が横浜から欧米列強へと旅立った。同行した留学生は、六十名（うち、女子は五名であった）。

欧米使節団、パリへ

岩倉使節団の目的は、大別して三つあった。一つは幕末に、幕府が条約を締結した国々を歴訪して、元首に国書を奉呈する「聘問《へいもん》ノ礼」。二つめは、欧米先進諸国の制度・文物を見聞して、日本の近代化を進めること。三つめに、明治五年五月二十六日が条約の改定期限にあたり、条約改正の予備交渉を行うというもの。いずれもが、難問であった。

使節団一行は十二月六日、アメリカ大陸を見、サンフランシスコの金門《ゴールデンゲイト》の姿を仰いでいる。一行を迎えたアメリカ側の、レセプションは盛大であった。日章旗と星条旗が交互にかかげられ、知事をはじめ地元の顕官や市民がつめかけた。だが、「景色ウルワシ」の国はこと条約改正については、まったく改善しようとはしてくれなかった。

にもかかわらず、お調子者の伊藤博文は大歓迎ぶりに浮かれて、

「アメリカは条約改正の意志がありそうです」

などというあて推量をしたため、大久保は伊藤とともに正式の外交交渉ができるよう、天皇の委任状を日本へとりに戻り、結果として往復に二ヵ月、委任状下付に二ヵ月、計四ヵ月も〝時〟を費やし、あげくに交渉に失敗するという茶番まで演じてしまった。

使節団は当初、回覧十二ヵ国、全日程十ヵ月半の予定を組んでいたが、この茶番劇のために、アメリカ滞在だけで二百五日、全体としては一年十ヵ月と倍以上に日程を延長せねばならなくなってしまう。

一行はアメリカからイギリスへ、そして「最モ周備《しゅうび》セル文明国」フランスへ辿《たど》りつく。

――大久保は、この国の首都パリで川路利良と再会している。

ところで川路だが、洋行中、仏朗西《フランス》国の巴里《パリ》へ向かう汽車の中で彼は大失態を演じていた。

横浜からフランス郵船ゴタベリイ号に乗船した川路は、まず香港《ホンコン》へ。マルセーユ行きの定

期船メーコン号に乗り替えてインド洋を越え、三年前に開通したスエズ運河を抜け、四十六日を要してフランスへ到着した。西暦一八七二年十一月三十日（日本ではいまだ太陰暦の明治五年十月二十八日）午前十一時、川路はマルセーユ発パリ行きの車中にあった。

車室定員八人の三等室において、大便《だいべん》を催してきた川路は、どうにもがまんがならず、苦肉の策として、一室みな同じ日本人ということもあり、自分の膝掛けで前を隠し、新聞紙を下にひろげて、そこへ「黄金色の大塊を落し込み」（『大警視川路利良君傳』）、新聞ぐるみで汽車の窓から外へ捨て、素知らぬ顔を決め込んだ。

ところが、翌日午前四時二十分にパリへ着いた、その次の日のことである。

地元の新聞に、汽車の車窓から糞包みの新聞を放り出したけしからぬ者がいる。その犯人は日本人に相違ない、と書かれてしまった。

「何となればその包んだ新聞紙は横文字ではなく、日本文字であったからだと云ふ意味のことが、事々《ことごと》しく（おおげさに）書き立ててあった」（同右）

それを聞いた川路は嘆息して一言、

「日本の文字は不便ぢゃね――」（同右）

と言ったとか。彼にとって、この度の欧州視察はむろん、はじめての経験であった。

否、汽車に乗るのもはじめてのこと。ただし、川路は東京－横浜間に鉄道が通じた翌日の明治五年九月十四日に、横浜から出航したが、前日は明治天皇を迎えての開通式で、彼はこの汽車には乗ることができなかった。使用したのは、人力車であったという。

同じ時期、川路より約二週間遅れてイギリスからドーバー海峡を渡り、フランスのカレーへ、さらに汽車でパリに入った岩倉使節団は、

「仏朗西《フランス》国ハ、欧羅巴《ヨーロッパ》洲ノ最モ開ケタル部分ニ於《おい》テ、中央ノ位置ヲシメ、百貨輻輳《ふくそう》（一所に寄り集まる）ノ都、文明煥発《かんぱつ》ノ枢ナリ」（久米邦武編『特命全権大使　米欧回覧実記』）

と後日、フランスについて総括している。

夜のとばりがおりる頃、パリにはガス灯が美しく輝いた。岩倉使節団の一行としてパリへやってきた久米は、「清朗な夜景」の中を「其の工致《こうち》を凝した白石造の市街」を、「星の如く耀く瓦斯《ガス》燈に照らされて馬車を走らせ、シャンゼリゼーの広道にかかれば、全面の繊沙《せんさ》（細かい砂）に馬車の一連が颯《さつ》と音して凱旋門《アルチツリヨム》前の大使館に着いた心地よさは」、「宛《さなが》ら天堂に入ったやうで、是から復《また》〝驚く〟の語を連発せねばなるまいと覚悟した」と、その回想録（『久米博士　九十年回顧録』）で当時の興奮を述懐している。川路の感慨も同じであったろう。

なぜ、明治日本はフランスに学んだのか？

読者諸氏の中には、幕末期、幕府とフランス、薩摩藩とイギリス——各々の親密関係から、薩摩藩を主力とする新政府にあっては、ことごとく学ぶべきはイギリスであり、川路がフランスへ視察にいったのは解《げ》せない、と思われている方がいるかもしれない。

確かに、川路の渡仏は絶妙なタイミングをもってなされたことは間違いなかった。もう少し時期が遅れていれば、彼の訪問地はプロシアを中心としたものとなっていたであろう。

なぜ、フランスであったのか。最大のポイントは、当時のこの国が「文明煥発《かんぱつ》ノ枢」であり、首都パリは「文明ノ中枢」との認識が、日本人の知識者全体にあったからである。

「欧州陸地ハ、ミナ仏ヲ艶称《えんしょう》シ、文明国ノ最上等トシ、英国ノ如キハ、富強ナレドモ、内治ノ一般へ詳密ニ届キテ、人気ノ都雅《とが》ナルコトハ、仏ニ及バズト謂ナリ」

と前出の回覧実記にも述べられている。

また、フランスは幕末期、日本の政府であった幕府と親交を深めた。人的、物資的な交流は質量ともにイギリスやアメリカに比べて多大であったといえる。たとえば陸軍は、新政府にバトンを渡されても、さしあたりフランス式を変えることができなかった。

ナポレオン一世の栄光は、広く幕末の日本人に深い憧憬をもって迎えられ、その甥であるナポレオン三世統治下のフランスは、一世のイメージと相まって、ヨーロッパ最強の陸軍との幻想を抱かせていたからである。そのため幕府の改革でも、海軍はオランダ、イギリス、フランスの方式と揺れたのに比べ、陸軍はフランス式歩兵の導入に終始した、といってよい。

ナポレオン三世の寵臣で駐日公使をつとめたレオン・ロッシュなどは、己れが幕府の政治顧問にでもなったつもりで熱心に何かと世話を焼いた。

先に西郷従道がフランスを中心に軍政の研究・調査に渡欧したことにふれたが、これなども幕末以来の伝統の延長線、影響であったといえる。加えて、パリは日本政府にとって世界的にみて、日本公使館が充実している数少ない都市であったことも見逃せない。

幕末、文久二年（一八六二）に幕府は遣欧使節（正使・竹内下野守《しもつけのかみ》）をフランス、イギリス、オランダ、プロシア、ロシア、ポルトガルの各国へ派遣。このとき、フランス国内にもしるべが多少できた。その一人に、カウント・モンブランがいた。

この人物は歴《れっき》とした伯爵で、ベルギー西フランドル州インゲルムンステルに領土をもっていたが、いわゆる〝山師〟の類と見なされ、その評判が悪かったこともあり、使節団はモンブランを近づけなかった。

それに腹を立てた彼は、なんと報復に一国親幕府のフランスにあって、独り薩摩藩に急接近、フランスの万国博覧会（慶応三年）に幕府とは別に「薩摩琉球国」の名称で出品をはかるなど、薩摩藩を支持。日本には幕府以外にも政権担当能力のある雄藩のあることを、「日本の実態」と題するパンフレットにまとめ、フランス国内で暴露したりもした。

このことが多少の波紋を呼び、薩長二藩主導の新政府となって、モンブランは明治二年にフランスへ帰国するおり、「日本の代理公使兼総領事」の肩書きを持つにいたった。

明治三年、新政府は薩摩藩出身の鮫島尚信《さめじまなおのぶ》（慶応元年の薩摩藩海外留学生の一人）を少弁務使（外交官）としてフランスへ送り込み、このあと仏特命全権公使に昇格させて、明治八年まで滞在を命じている。モンブランは鮫島が赴任すると、代理公使を解任され、公務弁務職（名誉職）に移され、公使館事務から退いた。

ただ、新生日本のフランス一辺倒は、日本の明治三年におこなわれた普仏戦争（一八七〇～七一）の結果と、岩倉使節団のフランス、プロシア訪問によって、一気に改められることになる。普仏戦争――「普」はプロシアの漢字読みである「普魯西《プロシア》」から取ったもの。

つまり、プロシア対フランスの戦いであり、この戦争ほど近代日本に影響を与えた他国間の戦争はなかったに違いない。あろうことか、欧州一＝世界一を標榜《ひょうぼう》していたフランス陸軍が、無名に近い小国プロシアに敗れたのである。しかも、その敗戦が尋常ではなかった。

七月の開戦以来、連戦連勝のプロシア軍は、なんと九月にはセダンの要塞を陥落させ、なかにいたナポレオン三世を捕虜にしてしまったのである。交戦国の元首が戦争の途中で捕えられるなど、世界戦史上、前代未聞のことであったといってよい。

パリでは暴動が起こり、ナポレオン一族は追放されて帝国は崩壊した。

フランスは共和制を敷き、さらなる戦争の続行、パリ籠城を断行するが、これも長くは持ちこたえられず、パリは陥落。翌年の一月二十八日には、ヴェルサイユで普仏間に休戦条約が成立。フランスはアルザス、ロレーヌの二州を分割し、五十億フランの賠償金をプロシアへ支払う羽目となった。

パリが陥落した直後の三月、共産党が蜂起して革命政権「パリ＝コミューン」の宣言を発したが、この世界最初の労働者政府は七十三日間で制圧された。

司法省の八人

——川路利良が足を踏み入れたのは、敗戦と内乱で荒廃したパリであった。

同じ時期、私費をもってフランスへ留学にやって来た桂太郎（長州藩出身・のち内閣総理大臣）は目的地が敗戦国となり、とても陸軍の研究・調査のできる状況下にはない、と判断。

しかたなく、プロシアへむかっている。

以来、桂は三年をベルリンですごしたが、この頃から日本の軍事・教育・医学・芸術などことごとくの分野は、プロシア＝ドイツ帝国への傾斜を強めていく。

川路の公務が急を要するものでなければ、おそらく彼もプロシアへ真っ先に入国し、この地に長期滞在したに違いなかった。が、日本の警察を考える場合、最初の基盤がフランスのポリスであったことは、きわめて幸運であったと言えるかもしれない。

フランスにはまだ、「アンデパンダン」の国風が色濃く残っていた。〝自主独立〟である。フランスのポリスたちは、戦争や共和制、パリ＝コミューンと社会が変転する中にあって、狼狽《うろた》えることなく、本来の責務である人民保護の目的遂行に全力をあげていた。

この渡仏のおり、川路以外に七人の人間が司法省から現地に派遣されている。司法権少丞・河野敏鎌《こうのとがま》、明法助・鶴田皓《あきら》、権中判事・岸良兼養、司法中録・井上毅《こわし》、七等出仕・名村泰蔵、七等出仕・沼間守一《ぬまもりかず》、八等出仕・益田克徳《かつのり》である。

ちなみに、川路の辞令は八人の中で一番遅く、九月八日にいたってようやく出されていた。江藤新平の心中で、これから己れが対決する大久保利通を思い（推しはかり）、同郷の川路に少しためらいがあったのかもしれない。なにしろ川路に与えられたテーマは、帝都守護のポリスを創りあげること。いいかえれば、東京の治安維持のすべての権を握ることになるのだから。このとき、江藤の背中を押したのは西郷であったといわれている。

八人のうち、河野と井上はともに太政官の次代を担う逸材との評価が高かった。事実、二人はのちに文部大臣に揃って就任している。鶴田以下は、司法省内に名をなした法律の専門家たち。異色というべきは、川路と沼間であろう。

川路にはこれまでに、警察に関する特段の実績がなかった。邏卒の設置に人集めをしたぐらいの評価しか、一般にはなかったに違いない。だが、「これからは邏卒総長で行く」と思い定めた川路は、江藤に対してもかつての西郷や大久保に送ったと同様、積極的な意見書をくり返し提出。自身の見聞した薩摩藩における庶民行政や、あるいはかつての江戸町奉行所との比較をおこない、江藤にその存在は知られていた。

一番の変わり種は、やはり沼間守一であったかもしれない。旧幕臣、それもフランス式歩兵をひきいて東征軍に抗戦、出羽の酒田で捕えられたが、明治二年に釈放され、その後、英語塾を開いたり、生糸商人となってみたり、新政府では横浜税関に出仕したこともある。

フランス語ができる、との触れ込みでメンバーに加えられたのだが、実はこれが真っ赤なうそ。日常の単語をいくつか知っているといった程度のお粗末さで、本人は、

「なァに、船に乗ってしまえばそれまでよと、なんとかごまかして調査団に加わった」と、のちに告白している。帰国後、司法省や元老院に勤めたが、フランスで見聞した「アンデパンダン」が忘れられず、民権論を唱えて政府を退官し、東京横浜毎日新聞を創業。東京府議会議員にも当選し、議長をもつとめたが、間もなく病気でこの世を去っている。

出発に際して鶴田と井上の二人が、江藤を訪ねて渡欧の心得を質した。するとと江藤は、大きくうなずいて、次のように訓示したという。

諸君洋行の要《かなめ》は各国の制度文物を視察し、其《その》長を取りて短を捨つるに在《あ》り。徒《いたずら》に各国文明の状態を学びて悉《ことごと》く之《これ》を我国に輸入するを趣旨にすべきにあらず。故《ゆえ》に須《すべから》く彼に学習するの意を去り、之《これ》を観察批判するの精神を以《もっ》てせざるべからず。我国も亦《また》文明の進むに従ひ、欧米諸国の制度文物を採用して諸政を改善するの要もありと雖《いえど》も、悉く彼に心酔し其欠点を看破せずんば、折角の制度文物も之《これ》を用ゆるに足らざるなり。

川路ら八人は各々、与えられた司法細部の項目調査・分析にあたったが、一方では鮫島公使に依頼してパリ大学の法学教授ボアソナードを招き、法律の講義を熱心に受講している。

当時、パリにはフランス語のできる日本人が結構いた。通訳には事欠かなかったようだ。同じメーコン号で渡欧した、本願寺法主の同行人・成島柳北《りゅうほく》の『航西日乗《こうせいにちじょう》』や川路の手になる『泰西見聞誌《たいせいけんぶんし》』などによると、川路がパリにあったのは日本暦で明治五年十月三十日から翌六年三月初めまでであり、この間、川路は警察（とくにパリ警視庁）や監獄、兵営、その他の視察を倦《う》むことなく、積極的におこなっている。

巴里の川路利良

川路は渡欧中、備忘録をメモしていたが、それをみると警察監獄の施設、組織、仕事の内容、給与など実にさまざまな調査や、風土記、人情風俗などをもフランス語のわかる他者に翻訳してもらうなどして、文字通り寝食を忘れた勉強ぶりを発揮していた。

「獄屋入用年分四百五十余万フランク（フラン）」とか、「罪人に貸付《かしつけ》る書房あり書帙《ふみづつみ》数万巻」とか、「善心に帰依せしむる為に経を誦し聴聞せしむる処あり」とか、「罪人をして職を授けて其料を得せしめ且《かつ》健康を保ち且つ善心に帰ることまで至れり尽せり」とか、「千七百八十九年断獄に付、拷問を廃止す」といったメモが、その時々に書き止められている。

ついでながら、川路と同時期にパリにあった前述の柳北は、本名甲子太郎。旧幕府の騎兵隊を率いた、かつての大隅守である。このあと帰国し、『柳橋新誌《りゅうきょうしんし》』初篇を世に問うて、一躍、売れっ子作家となり、「朝野新聞《ちょうや》」の主筆にも迎えられた。

さて、パリ滞在中の川路である。彼はノートルダム寺院の見学にいったようだ。眼下のセーヌ河から視た、パリの宮殿や塔、門、庭園などの説明を聞いたかと思われる。

川路がノートルダムの屋上に立った頃、まだエッフェル塔は建っていない。が、ルーヴル宮の美術館は存在した。川路は名状し難《がた》い衝撃――欧米列強の豊饒《ほうじょう》さ――を目のあたりにして、抗《あらが》い難い迫力、ヨーロッパの積みあげてきた文明の底力を見せつけられ、目が眩《くら》む思いがしたに相違ない。人伝に聞くパリと、実際に見聞したパリでは、そのインパクトがあまりに違うことを川路は身をもって悟ったようだ。

当時のパリには、詩人ヴィクトル・ユーゴーもいた。『レ・ミゼラブル』の作者であり、ナポレオン三世の独裁に反抗して、一時亡命していたのが、普仏戦争後に帰国をとげていた。画家のポール・ゴーギャン（『月と六ペンス』の題材となる）も、パリにあった。

川路はこうした人々と、どこかの街角でふと、ぶつかりそうになったかもしれない。

とにかく時間があれば、川路は行《ゆ》きあたりばったりにパリを徘徊した。北郊のモンマルトルの丘に出かけ、ガス灯の下で奏でられるアコーディオンに耳を傾けたこともあり、そこに屯《たむろ》する画家や音楽家を物珍しそうに見て歩いた。途中、シャンソンの歌声も聞いている。

ある時などは、通訳をともない、絵を並べて売っている青年画家に問うた。

「何処の国から来やした？」

「どこでもない、私はボヘミアンだよ」

この問答で、川路は〝自由人〟という言葉を知った。なかには、

「国家などというものは、幻想に過ぎないよ」

と笑う若者にも出会った。

ときに独りで歩き回り、道に迷うと、川路はポリスをさがし、あらかじめ用意してあったフランス語のメモをとり出し、〝どこそこへ行きたいのだが〟と道順を尋ねた。

パリのポリスはきわめて親切、丁重であった。上品な微笑を浮かべ、手ぶり身ぶりで道を教えてくれた。ときには、目的地までつれていってくれることもめずらしくなかった。

（こいは質が高かぞ）

川路はそのつど感心したものだ。より厳密にいえば、その親切ぶりに驚いたのである。

彼の知る江戸期の与力・同心、あるいは手先の岡っ引は、伝統として〝親切心〟などというものを持ち合わせていなかった。多分にあったのは上から下への慈悲であり、相手と対等

の物言いさえ、日本にはなかったのである。〝お上〟をいただく彼らは、いつも横柄でそれを当然だと思い込んでいた。ところが、パリのポリスにはその種の尊大さがない。

毅然とした態度ではあったが、その視線は常に温かく、慈しみを込めたものであった。

「一国は一家なり、政府は父母なり、人民は子なり、警察は其《その》保傅（保護者）なり」

のちに全国警察の金科玉条となり、〝警察論語〟とも、バイブルとも呼ばれる川路の口述録『警察手眼』の一節は、あきらかにパリでの川路本人の体験に基づいていたといえる。

それにしても、この巨漢は大胆不敵である。コミューンの崩壊後、パリの夜は一面で殺伐としていた。ノートルダム寺院や凱旋門にすら、普仏戦争やパリ＝コミューンの傷あとは見受けられ、パリ中で修復作業がおこなわれており、他国からの労働者も多数入り込んでいた。治安も悪化しており、物取り、強盗も出没している。そうしたパリの夜を、川路は言葉もわからず地理も知らずに、独りほっつき歩いていたのである。

もっとも、川路の手には太めのステッキが握られていた。

ついこの間まで砲煙銃雨の中を、白刃を閃かせて駆けまわってきた男だ。薬丸示現流の使い手であり、他流も修めていた。おそらく、物取りや与太者を〝恐ろしい〟などと思う神経そのものを、彼は持ち合わせていなかったに違いない。

三権分立と大久保送別会

川路はボアソナードほか、幾人かの法律学者の講義を昼間は聞き、パリ警視庁を見学しつつ、欧米先進国の強さの秘密が、ようやく理解できたような気がしたという。

三権の分立の仕組み――これがどうやら、近代国家の骨組であるらしい、との認識を持つにいたった。川路の場合は、行政警察と司法警察の相違を理解したことが出発点であったように思われる。

「日本では司法省の下に邏卒がおり申すが、こいは欧米ではおかしかこつのようじゃ。逮捕した者を同じ省の裁判官が裁くとなれば、万一、誤認逮捕や邏卒が悪かこつ働いたならどけんすっとか。省内同士、庇い合うじゃろう。そいでは正しい法の執行も、検挙もできんじゃなかか」――司法と行政の分立が成れば、邏卒はむしろ内務省に置くべきである。

警察機構は司法省から分離、独立せねばならない。

この思いが川路の中でふくれあがったとき、目の前に司法省を凌駕する権勢＝大蔵省のトップ（卿）、事実上の太政官宰相である大久保利通があらわれた。

明治六年三月末、欧米使節団の副使としてヨーロッパを巡っていた大久保に、急遽《きゅうきょ》、帰国が命ぜられた。その前夜、パリ郊外の景勝地サンジェルマンにおいて〝郷友会〟が開催された。大久保の送別のために開かれた、鹿児島県人会といってもよかったろう。

薩摩藩出身の公私留学生に招集がかかり、これからの日本を動かす人々が集った。

「天涯万里の異境に在りて、同胞相集る、其歓楽壮快の状、また想知すべきなり」（勝田孫弥著『大久保利通傳』下巻）

集った十六人（一説に二十余人とも）は同郷のことでもあり、大いに飲み、かつ薩摩弁をむき出しで語り合った。このおり写した集合写真が、現存している。

前列左から末川久敬（のち海軍兵器局長）、安藤尚五郎（帰国後、世に出ず）、前田正名《まさな》（のち日本の殖産興業の父と仰がれる）、堀宗一。中列左から中井弘（のち貴族院議員・京都府知事）、岸良兼養（のち初代検事総長）、大久保利通、新納竹之助（のち警視庁出仕、陸軍大学校教授）、高崎正風（のち御歌所長）、川村純義（のち海軍大将）。後列左より黒岡帯刀《たてわき》（のち海軍中将・貴族院議員）、河島醇（のち勧業銀行総裁）、村田新八、川路利良、大山巌（西郷の従兄弟・のち元帥・日露戦争時の満洲軍総司令官）、岩下長十郎（のち陸軍大尉）。

川路は大久保に、自ら構築した内務省管轄の邏卒＝「東京警視庁」の構想を語って聞かせたに違いない。これを聞いて帰国したか否か、大久保にとっても日本の命運にとっても、大きな分かれ道であった。なにしろ、このおりに大久保が命ぜられた帰国は、日本で力をつけた江藤新平との全面対決をするためのものであったのだから（詳しくは後述）。
そうした国政の枢機を、川路はもとより知らない。パリからベルギーへ、一度パリへ戻って、さらにベルリン、ロシアをまわって、オーストリア、イタリア、スイスをめぐり、司法省の一行六人とともに、明治六年九月六日に帰国した。
司法省日誌その他に拠れば、名村泰蔵は法典編纂及び法学教育のため、日本へ招聘することになったボアソナードをつれ、一行より遅れて帰朝している。

警視庁誕生を決した建議書

滞欧約一年——帰国した川路は、すぐさま建議書を司法省へ提出した。
日本の近代警察は、まさにこの全文の中から生まれることになる。以下、カタカナ書きをひらがなに書き改め、句読点、マルを筆者の一存で付し、若干の説明を（　）で補った。

夫《そ》れ警察は、国家平常の治療なり。人の兼《かね》て養生に於けるが如し、是《これ》を以《もっ》て能《よ》く良民を保護し、内国の気力を養う者なり。故《ゆえ》に古《いにしえ》より帝権を盛《さかん》にし版図を拡《ひろ》めんと欲する者は、必ず先づ爰《ここ》（警察）に注意せり。一世ナポレオン是なり、方今プロイセン（プロシア）の四方を斬り従へ威武を世界に輝かせしも、警察を以て能く内外を治め、常に能く外国の事情を探りしが故に、フランスの強国も終《つい》に敗られたり。然《しか》れば国を強くし海外に接する、必ず先づ此《こ》の設（東京警視庁）なかるべからず。

本邦に於《おい》ても爰《ここ》に注意し、泰西（ヨーロッパ）の方法に倣《なら》ひ、壬申（明治五年）十月（東京）府下に邏卒を設けて、規則を立て施行する所ありと雖《いえど》も、創業中或《あるい》は其《その》事業に暗きが故に、臣（川路）をして其《その》実際を探らしむ。臣至愚《しぐ》（非常におろか）且《かつ》西洋の文語に通ぜず、全く通弁（通訳）の助けに依《よ》るものにして、得る所《ところ》実に尠《すくな》し。然《しか》れ共《ども》曾《かつ》て事に興りし故に、彼の長を見我の短を知る処《ところ》あり。職掌の万一に充てんことを欲し、敢《あえ》て条列して左に建言す。

一、西洋各国に於て、其首府の警保寮は直に内務省に属し、府下の警保を管掌せり。其他の府県は、其長官此権《このけん》を兼《かね》ぬ故に、内務省内に安寧局ありて内務卿に関する全国の警保事務を取扱ふ（警保寮にあらず）。且《かつ》警保卒に二種あり、一は都府限を警察するものにして都府の警察長或《あるい》は其他の警官に属し、司法地方の警察を行ふ。之を「ガルヂヤンデペー」又は「アジヤン」と謂ふ。一は全国を警察する者にして陸軍の規則に従ひ、郡国に隊を分ち検事又は其県令の指揮に応じ司法地方の警察を行ふ。之を「ジャンダルムク」と謂ふ。陸軍一部の隊なり。方今本邦の警保寮は全国の警保を司り、巡査を以て四方を警察せしめんとす。然らば巡査は即ち西洋の「ジャンダルムク」に準すべけれども、僅に三四千の巡査全国の警保に充つるに足らず。フランスにては此兵全国を管するの例を聞かず。願くは西洋各国に準じ府下の警保事務は総て警保寮に管掌し、其人は必ず従前の邏卒を用ひ、他の府県は其権を知事或《あるい》は令に兼任せしめ、警部を選び、邏卒を編成するは其府県の申告に依り、司法卿に命ずることとせん（規則の儀は先づ当分の通りにて自然風土に従い人情適宜の方法に移すべし）。

一、若し司法行政の両権を分明にする時は、内務省を置き、内務卿全国行政警察の長となり、首府の警察令此《この》権を府下に行ひ、其他の府県は知事令に於《おい》て警察令の権を兼ね、正権警部をして是を奉行せしめ（司法警察に就て検事の探索捕亡等必ず警部に依る所により、警部或は検事の職を代理す）、司法卿は全国警察の長となり、各裁判所の検事此権を奉行す（検事の探索捕亡等内務管下の警部に依ること前註に云へるが如し）。是れ欧州各国の例たり、方今我国内務省なし、故に姑《しばら》く警保寮を司法省の管下とし、其事務は行政警察の職を掌《つかさど》り、直に太政官の指令を奉じ、隠密警察等正院監部の職掌を移して警保寮に委任せば稍々《しょうしょう》（しだいに）欧州の体制に庶幾《しょき》（こい願う）からん。

一、邏卒を巡査として四方に派出する時は、府下は番人のみとなるべし。所謂番人なる者は卑弱の傭夫之《これ》を以《もっ》て輦轂《れんこく》の下《もと》（天子のおひざもと）を鎮するは啻《ただ》に体裁を失するのみならず人心安堵せず。終《つい》には暴行暗殺等の患害を生ずること必定せり。且《かつ》番人は民費を以て募るにあらずや、司法警察は政府の義務然るに人民をして其入費を償はしむ其不可一なり。東京は全国人民の輻輳《ふくそう》する（集まる）所、全国の人を警保するに府下の臣民に出財せしむ、之れ府民の財を以て全国人民に饗応す其不可二なり。

府下地形曠闊《こうかつ》にして（広々として）土地に比すれば人民尠《すくな》し偏《あまね》く番人を布くとすれば、人民其費に堪へず（当時一両一小間に付、番人の費三十銭と云ふ）。其費を適宜にすれば番人の数足らず其不可三なり。併し番人も急に之を廃せば苦情あるべければ、其内を精選して邏卒に編入し、自然解散するを要せん。

一、抑《そもそ》も邏卒に軍人を用ふるは欧州の通例故《ゆえ》に、其人皆兵隊上りの強壮、身の丈五尺以上にして戦功の賞牌を懸る者多し。白耳義《ベルギー》のブリユセールの如きは兵隊の小頭以上ならでは邏卒に編入することなし。欧州各国士民の別を立てず、故に兵卒を用ひざるを得ず本国尚《なお》武士あり、然るに是を廃して用ひざるは失制の極と云ふべし。

一、邏卒の職、平常には司法地方の警祭を勤むと雖《いえど》も止《や》むを得ざれば、銃器を取りて兵となる。因《よっ》て各国の警察寮には銃器を予備せり。是れ全く事あるに臨んでは、警察の権力を以て鎮静するを要し、漫《みだり》に兵を動かすを恥づ、故に地方の一揆暴動には警保寮に於て人数を繰立るの権あるべし。

一、人民の損害火災より大なるなし、故に消防は警保の要務。願くば各国の例に従ひ消防事務を警保寮に委任せば、府県に於て別に消防掛を置くに及ばず。是亦《これまた》府県費を省くの一なり。

一、君主独裁の国は、君権を盛《さかん》にせざるべからず故に魯孛仏の三国（ロシア・スイス・フランス）皆官費を以て邏卒を置き（仏国の巴里は半は民費たり）、魯都伯得堡《サンクトペテルブルク》は警察長之《これ》を治め、仏の巴里は王の「ポリス」と称し警察令毎朝国君に謁するの例あり。孛《スイス》は当時一世ナポレオンの制に則り、邏卒の設最も盛なり（ナポレオンの時は「ポリス」の世と唱へし程にして、其制騎歩両卒を置く即今孛国之に類せり）。独り英及び蘭白の三国（イギリス・オランダ・ベルギー）民費を用ふと雖《いえど》も、龍動の如き繁盛の都府人民、殷富商業盛大人民望んで資費を出すもの、固より本邦今日の形勢之に比較すべきにあらず。

一、番人を減じ民費を省き府下の人心を安んじ、其費を移して道路橋梁水道を修繕せば人民便利を得府下の姿を一新し体制厳整にして帝権随て尊重なるべし。是れ目下の急務ならずや。

一、泰西諸国に於て其首都の市政を観《み》るに、地方と警察と両立して其権限の分明なること世の知る所なり。吾東京府下の如き混雑なる者に非ず、全国の首府輦轂《れんこく》（天子の車）の下如斯《そのごとく》にては百事進運すること難《むずかし》かるべし。願くは速《すみや》かに警察の方法を改め、府下警察権は総て警保寮に委任相成《あいなり》、民情適宜の法施行有之度《これありたく》仍《したがっ》て各国警察の大概別紙に之を具述《ぐじゅつ》す。

一、邏卒在勤二ケ年の期限既《すで》に本年に迫れり、去就安堵を得ざるの情実あるべきに由《よ》り、前件愚按の条々速かに裁決あらんことを謂ふ。若し採納を得ば其施設の方法に至ては猶委詳陳述する所あらんとす。

日本の警察制度の始まりと戦後

川路は警察を、「国家平常の治療」と語っている。

「良民を保護し、内国の気力を養う」のがその役割で、ナポレオン一世の強さもプロシアの強大さも、その根本には警察があったからだ、と強弁している。そのうえで欧米視察に赴き、長短を見極めたといい、「西洋各国」においては「首府の警保寮」は「内務省」に属しているると述べ、その他の府県は各々の長がそれを兼任していると報告。さらには「司法行政の両権を分明にする時は、内務省を置き」、内務卿が「全国行政警察の長となり」、司法警察とは別にしなければならないと説いた。

その後は邏卒を巡査として派遣することや、その人品について、「本国」では「武士あり」として、これを用いるべきだと力説している。順々に史料を当てはめていくと、このあと誕生した「東京警視庁」は、まさに川路の建白書通りの姿形にしあがったことが知れる。

ついでながら、右文中の「司法警察」と「行政警察」について——。

前者の「司法警察」は、現在の日本の警察において主流をなしているもの、と思えばよい。犯罪捜査や被疑者の逮捕に取調べといった刑事裁判を行う準備・手続を目的としたものである。読者諸氏のなかで、ピンとこないのが後者であろう。「行政警察」は第二次世界大戦、太平洋戦争で日本が敗北するまで、日本の警察を代表するものであったといってよい。

犯罪の発生を未然に防ぐことを目的としたもので、たとえば出版物の検閲、発禁処分、思想犯の予防検束などが有名である。この行政処分は刑事処分とは異なり、その背後に治安維持法や違警罪即決例といった法律が存在していたところに、特徴があった。

川路が規範としたフランスやドイツ（プロシア）などの大陸法にも、この予防警察の機能はうたわれており、権力をにぎった警察の取締行為は一面、人権軽視の批判を受け、職権濫用と恨《うら》まれ、敗戦後、連合国の進駐軍がもち込んだ米英法の影響を受け、日本では今日、この「行政警察」の特徴はすべて否定されているといってよい。

——警察の仕組みは、戦後、大きく変わった。

川路の建議によって成立した「東京警視庁」は、内務省によって一元的に統制された典型的国家警察であり、東京府下すべての警察事務を管掌したが、一方では国事犯は全国にわたって警視庁の長の権限下におかれていた。が、いまはそうではない。

戦後、警察制度が改正され、国家警察は全面的に解体され、かわって自治体警察が都道府県の人口五千人以上の自治体で創設された。さらに昭和二十九年（一九五四）、都道府県の広域行政単位の自治警察に改編されている。

つまり、現在の「警視庁」は東京都警察本部でしかないわけだ。

これは戦前の国家警察が政権交代のたびに混乱したり、警察官の反対党弾圧、選挙干渉にも利用されたことを反省した面、よく改良されたといってよい。

だが、戦前のような強力な指揮権が現在の日本警察にはなくなった、との欠点も目につく。

政治的中立性を確保するため、戦後、国家公安委員会が創設された。委員長は国務大臣であるが、委員（五名）は政治に無関係の人々が選ばれている。

この下部組織＝各都道府県警察の統括事務局が、現在の「警察庁」である。

ところが、この組織のトップである警察庁長官は、地方の警察に対して指揮監督、行政指導は行っているものの、戦前のような絶対の命令権をもっていない。

また、「警視庁」は国家公安委員会の指揮は受けるものの、内閣総理大臣の指示を直接、受けることはない。同様に、各都道府県の警察本部は知事の命令に従う必要もなかった。

戦前の直接指揮権が、戦後は間接的指揮権にとってかわられたわけだ。

現在の警察官の階級は、巡査―巡査長―巡査部長―警部補―警部―警視―警視正―警視長―警視監―警視総監という構成になっているが、警視正以上は国家公務員となる（以下は地方公務員）。

川路はみずからの建議した警察が、完全無欠だなどとは考えていなかった。

当初はヨーロッパからの借り物であり、これに独自の日本色を加えていきながら、よりよい警察機構に改良していくことが大切だ、と事ごとに述べている。

だが、これらが実現する前には、明治期最大の対立といってよい〝征韓論争〟が立ちふさがっていた。それにふれなければ、誕生した「東京警視庁」の創設意義が、真に理解されないに違いない。

とはいえ、大久保が帰国するまでの日本も、一応、見ておく必要がある。

なぜならば、ヨーロッパにあった大久保（木戸孝允も）に急遽、帰国命令が下ったのは、すべて川路の上司、江藤新平が原因であったからだ。

第四章

〝大警視〟の生と死

相次ぐ長州人の汚職

明治六年（一八七三）五月二十六日、故国の土を踏んだ大久保利通は、日本の変貌ぶりに愕然《がくぜん》とする。なにしろ、帰国してみると自分が留守を託した人々がいなくなっており、自らのすわるべきイスすらがなくなっていたのである。すべては、江藤新平の仕業《しわざ》であった。

岩倉使節団の出発時、出かけるものと留守をあずかるものは各々、国政に関する新規の立案・実施は見合わせる、との約定を交わしていた。ところが留守政府は、勝手に新生日本の大改造に着手、とてつもない仕事量をやり終えていた。

そのうち最大のものは、士族の特権身分を剝奪《はくだつ》したことであろう。封建的身分差別を撤廃し、人権の確立を進め、国民皆兵を標榜《ひょうぼう》した「徴兵告諭」を布告し、士族の特権であった軍事の門戸《もんこ》を広く万人に開いた。

また、新政府の掲げた「四民平等」を実践するため、士族に与えていた家禄の三分の一を削減、残額を六ヵ年だけ支給して、あとは打ち切るという急進的な秩禄《ちつろく》処分計画まで立案したのである。その他にも、全国戸籍調査、東京－大阪間電信開通、学制発布、新橋－横浜間鉄道開通、すでにふれた太陽暦採用と、ありとあらゆる社会変革を矢継ぎ早に打ち出した。

それらはまるで、踏みにじられてきた〝ご一新〟の理想を再燃させたかのような、激しさであった。法典整備、司法制度の確立、太政官制度の改革、全国郵便制度の実施などもこのころのもの。かつてこれだけの仕事を、わずか二年足らずでやってのけた政府が存在したであろうか。すべては、江藤新平の手腕によるものであった、といっても過言ではない。

大久保が帰国する少し前の明治六年四月十九日、江藤は後藤象二郎（土佐藩出身・前左院議長）、大木喬任《たかとう》（肥前佐賀藩出身・前文部卿）とともに参議に任じられていた。

この時点での参議は、「卿」との兼任を認められておらず、司法省は「卿」欠員のまま、司法大輔の福岡孝弟が最高責任者となったものの、この省は依然、前「卿」・江藤の影響下にあったことは否定できなかった。なにしろ江藤は、明治五年四月二十五日、三十九歳にして司法卿に就任するや、司法の独立を目指した諸政策を打ち出し、かたわら長州藩出身者のかかわる〝事件〟に、快刀乱麻を断つごとき敏腕を振るった。

その一つが、小野組転籍事件である。日本屈指の豪商である小野組が、衰退する本拠地の京都から、一族の二人を東京へ、一人を神戸に、各々本籍を移そうとした。

にもかかわらず、京都府はこの転籍届に難癖をつけて、一向に認めようとしない。

困惑した小野組は、明治四年の司法省達第十六号にある、転籍を地方官が妨害したときは裁判所または司法省へ訴訟して苦しからず、との条項に則り、明治六年五月二十七日に京都裁判所へ、送籍を許してもらいたい、と訴え出た。もし、このとき司法省が江藤の影響下になければ、おそらくこの訴訟は握りつぶされていたであろう。なにしろ、相手が悪かった。

実質、京都の行政を司《つかさど》っていたのは長州藩出身の府参事（五等官）・植村正直であった。藩の検察畑を歩んだ植村は、明治元年には議政官（立法府）に出仕したが、機構改革の中で議政官が廃止されると、木戸孝允の薦めで京都府へ出仕。権参事－大参事－参事と順調に栄達した長州藩閥の人物。木戸に信任され、大久保が留守を託した大蔵大輔の井上馨とも特段、親密であった植村は、ときに三十八歳。

この京都府に対して、新設まもない京都裁判所が真っ向からその非を鳴らした。長谷知事（公卿）と植村参事に対して、各懲役二十日（贖罪金は知事八円、参事六円）を言い渡す。実際は罰金のみを命じたのだが、二人はこれを不服として無視、ついには控訴審にあたる司法省の臨時裁判所へ訴訟は持ち込まれた。裁判所は植村を拘留する。これには帰国していた木戸が憤り、長文の意見書を太政官に提出したが、埒《らち》はあかなかった。

この京都府参事・植村の小野組転籍事件と並行して、司法省が動いたのが陸軍省の公金を不正に流用した「山城屋和助事件」、さらには「尾去沢《おさりざわ》事件」であった。

前者はときの陸軍大輔・山縣有朋が、国家歳入の一パーセントを超える途方もない大金を、もと同じ釜の飯を食った長州奇兵隊あがりの山城屋和助に貸し出し、露見するや直ちに返済を迫ったものの、当の山城屋は自殺して果てるといった不可解な事件のこと。

後者は大蔵大輔である井上馨が、民間人から優良鉱山を強奪して、私腹を肥やしたと指弾された尾去沢銅山事件のことであった。いずれにも、元長州藩士が絡んでいた。

大久保につづいて、木戸孝允が帰国したのが七月二十三日であった。

江藤は政敵ともいうべき大蔵省にとどめを刺すべく、この年の五月二日、太政官職制章程の改正をおこない、国政全般を司る「内閣」を新設し、「参議は内閣の議官にして、諸機務議判の事を掌る」と、参議が「卿」を兼任できる方向へ転換した。

また、これを機に予算編成権は、大蔵省から正院に移されることとなる。

征韓論争と川路の立場

帰国した大久保には大蔵省の解体が、木戸には長州藩閥崩壊の企てが待ち構えていた。

さらに、これに複雑にからんだのが外交課題であった。朝鮮問題である。

日朝国交の正常化は、明治維新以来の重要外交課題であったが、明治六年五月、釜山にある日本公館（旧倭館）をめぐって両国の緊張が高まり、紆余曲折《うよきょくせつ》の末、西郷隆盛が全権の使節として朝鮮へ乗り込むことが、留守政府において一度は決定された。

この西郷の使節派遣をめぐり、岩倉使節団参加の人々と留守政府の間できわめて深刻な対立が起こった。要は帰国組の総意として大久保が参議となり、建前上は内治を充実させ、富国強兵を今は図るべし、と主張したのに対して、朝鮮へあくまで出かけようとする西郷が、真正面から対決を余儀なくされてしまった。

もっとも、この征韓論争には裏があり、本当の狙いはその人望が一世を蓋《おお》い、一国より重いといわれた西郷その人を排除するのが目的ではなく、大久保・木戸の共通の敵である江藤を、何とか政府内から追い出そうとして仕組まれた謀略だ、との説が立てられてきた。

——筆者も、その見解に賛同している。

征韓論争は途中で一度、西郷の思い通りに決するかにみえたが、予想外の三条実美の急病、代理者となった岩倉具視の抵抗により、ついに大久保ら岩倉使節団参加組が勝利。西郷・板垣・副島種臣（大久保とともに参議となる）・後藤、そして江藤の五参議の連袂《れんべい》辞職となった。

同じ日、大久保・木戸・大隈・大木喬任ら反征韓派の四参議も辞表を提出している。

あるいは江藤は、先の司法卿時代と同様、不受理になると読んでいたのかもしれない。

確かに岩倉は、そうした躊躇《ためら》いをみせた。が、二者択一となり、征韓論に反対した大久保ら参議を太政官へとどめることが決まった瞬間、江藤の目論見は潰《つい》えた。

大久保はあくまで素早い、征韓派の参議の辞表受理を主張。十月二十四日、五人の参議の辞職は正院において承認されるにいたる。

西郷を慕う桐野利秋ら文武の薩摩系官吏が後を追って辞職したように、司法省にあっては、江藤を追って島本仲道が十一月五日に辞表を提出、同月十日に聴許された。事実上の初代警視総監とも考えられる島本の警保頭（初代）の任期は、一年二ヵ月であった。

ただし、こちらは私情からではなく、抗議の辞職であった点を見落としてはならない。先にみた植村正直が、江藤の下野と時を同じくして拘留釈放となったのである。

この明治最大の政変劇がくりひろげられている頃、警保助兼大警視の川路は何をしていたのだろうか。川路は嵐の前の静けさ、江藤が事実上の正院宰相として、その敏腕を振るっているその偉観の最中に帰国している。すでにみた建白書を上司の島本へ提出。江藤へは、直接の具申をおこなっていた。

川路はパリをはじめヨーロッパの首都を視察し、あえていえば「国家学」とでも呼ぶべきものを体得したようだ。国家の根幹を成さしめているのは法律であり、その執行機関のひとつとして、警察の存在はきわめて重大である、との認識をもった。

日本では約三百年つづいた徳川幕府の影響で、警察機構は一種、不浄役人の集まりとみなされてきた。それを一変させ、近代警察に生まれかわらさねばならない。

どうやってこの難事を遂行するか、川路は帰国後、このテーマに没頭していた。

行政警察は本来、内務省に所属すべきものであり、行政権と司法権は別個のものだ、との意見はすでにフランスで大久保にも語り、帰国後は江藤にも述べた。

だが、この明治六年九月、十月の時点では内務省は日本には存在していない。

川路は己れの分を弁《わきま》えている。内務省が誕生するか否か、それは大久保と江藤の政争上の結果であり、あえて一方に荷担したいとは考えなかった。

「もう、懲り懲りごあンな」

政治の道具として実力行使＝軍隊や警察の力が使われることを、川路は心底から嫌った。

久光しかり、徳川慶喜しかり、薩会同盟・薩長同盟にしても……。

川路は警察が政争の具であってはならない、との思いをヨーロッパをめぐって、新たに肝に銘じた。国民、人民を守るということは、ときの権力者におもねるということとは異質なものだ、そういうことを戦争と内乱にゆれたパリで、川路はポリスに学んだのである。

「――そんうちには、決着がつくじゃろう」

川路は同僚の坂元純熙《さかもとすみひろ》とともに、「警保寮」の充実、邏卒や番人の教育に熱中した。

そうする中で、新たに川路の頭痛の種となって現れたのが陸軍、とりわけ近衛兵の邏卒いびりであった。なかでも薩摩士族出身の近衛兵による、同郷の郷士出身の邏卒への嫌がらせ、ある種のいじめは、いつしか府下全域に及び、いつも一方的に邏卒の泣き寝いりとなって、「警保寮」はその権威を著しく失墜させていた。

旧藩時代、城下士より身分が低く、腰の刀を唯一の拠り所としていた薩摩藩郷士出身の邏卒は、その刀を腰に差すことが許されず、棒を手にして街角に立っていた。

そこへ酒に酔った同藩城下士出身の陸軍将兵、近衛兵がたわむれてくる。なんとか相手にならぬよう、懸命にがまんしてこらえる邏卒に対して、腰の軍刀を差した酔漢はそれを抜いて威嚇し、振りまわしておもしろがるといった蛮行を、ところかまわずやってのけた。

川路は何度か、陸軍省へ文句をいいに出かけている。が、容易に埒はあかない。

辱めをうけた邏卒の中には、職を辞して国へ帰る者も出る始末。しかたなく川路は、非番の邏卒をそれとなく巡邏の途中に配し、陸軍将兵、近衛兵らが乱暴狼藉に及んだら、速《すみやか》に排除するように、と自らも陣頭に立った（西南戦争終了までつづく）。

川路らの提出した上申書

そうこうするうちに、征韓論争は分裂。西郷が去って、薩摩系近衛兵・陸軍将兵の多くも東京をあとにした。

「こげん勝手なこつ、許されもはん」

川路はすぐさま、この問題——陸軍の将校以下が一方的に辞表を出して、持ち場を放棄して去ったことを、植村正直が釈放されたこととともに、警保助兼大警視として政府に糺《ただ》した。

警保寮の奏任官（四等から七等まで）一同が揃って、太政官へ上申書を提出したのである。

「臣等惶恐俯《せいきょうふし》て惟《おも》ふ。刑罰は国家を治むる要具、則《されば》一人を懲して千万人恐る」

それゆえにこそ、公明正大でなければならない法の執行に、愛憎をはさむのはおかしい。

「曩《すで》に京都府参事植村正直、拒刑《きょけい》の罪あり」——それを拘留せしめていながら、今、ふいにそれを解くのは、「臣等驚き且つ怪《あやし》む」ところだとも。邏卒たちが懸命にその職務を遂行するのは、「一に信賞必罰法令厳重にして、以て之を約束せざるなし」だからだ。

「今若《もし》政府愛憎を以て（感情に左右されて）、法憲軽重するが如き曖昧《あいまい》倒置の挙措ありと誤認せば、則ち曰《い》はん、国家の大臣信ずるに足らざるべしと、既に如斯《そのごとく》、況《いわん》や区々の法令約束何の頼む所ありて能《よ》く勤労せん。数千の属員をして一度離心を抱かしめ、法令行はれざるに及んで、遂に制馭《せいぎょ》する能はざるの勢に至る必《ひっ》せり」

これは「近衛の士卒非役を命ずる者数百人」も同じだ、と川路たちは断じた。

このような無法がまかり通っては、治安維持などできない。

「冀《ねがわ》くば政府 速《すみやか》に明諭し、(植村)正直の為に下す所の特命の旨と近衛兵動揺のことの由とを審」せよ、と川路たちは太政官に訴えた。だが、太政官はこの川路らの上申書を政争上、採用せず、江藤に取り敢えず勝利した大久保が懸命の説得を川路におこない、

「もう少し時期を待ってほしい」

と頼み込み、不承不承、川路の矛《ほこ》を納めるところとなった。

このあたりにも、川路らしさがよく表れている。すでにみた『警察手眼』にも明らかなように、川路には国の元首、国家運営者に対して、警察は〝政治〟を主張してはならない、との信念があった。これは一面、警察権の独立を守るためである、との論でもあった。

ついでながら、警保頭を辞任した島本仲道のその後について、触れておきたい。

明治七年四月に一度、高知へ帰った彼は、六月に大阪へ出て北浜に代言人事務所「北洲舎」を設置、東京の日本橋にも事務所をおいた。実は島本は〝幻の警視総監第一号〟の可能

性を持つ一方で〝日本の弁護士業務の開祖〟でもあったのである。

土佐で盛んとなった自由党に参加した島本は、明治二十年十二月、保安条例によって三里以遠の地に退去を命ぜられるに及んでいるが、この頃、政府にとって彼は、きわめて危険な人物とみなされていたようだ。その後、島本は明治二十二年二月の憲法発布の恩赦《おんしゃ》により、帰京が許され、明治二十六年一月二日、病気と貧困の中にこの世を去っていた。享年六十。

もしも野に下った江藤が長生きしたならば、きっと島本と同じような生き方を、もっと大きなスケールでしたのではあるまいか。島本仲道の辞任にともない、その後任には司法大丞兼大検事の河野敏鎌《こうのとがま》が兼任という形で補された。このとき、三十歳。司法卿には江藤と同じ肥前佐賀藩出身の大木喬任が就任。大輔は福岡孝弟が、引きつづきつとめることになった。

表面上、司法省の人事は江藤、島本が抜けてもこれまで同様、独立性を尊び、意思疎通を欠くものではなかった。卿が同じ佐賀藩出身者なら、「警保寮」を預かることになったのも島本と同じ土佐藩出身の河野——彼はかつて、江藤を司法卿にすえる画策にも参加している。ただ島本と河野には、年齢差が大きい——島本に比べ、河野の方が十一歳の年少となる。

より以上に、二人には性格上の相違があった。一言でいえば、河野には自己の出世欲が旺盛でありすぎた。島本にみられたような、真に名もない庶民のことを考えての司法省のありかたを追求する、といった姿勢が本来なかった。

加えて、河野は江藤にその将来を嘱望されたように、大久保利通にも気に入られていた。河野の勤王歴は、風雲というものの数奇《すうき》さを身をもって味わったという意味で、決して先にみた島本に比べても遜色はなかった。十七歳で江戸の安井息軒の私塾に学んだ河野は、武市半平太の知遇を得て、土佐勤王党に参加。以来、武市の忠実な部下として、土佐の一藩勤王化に貢献。文久三年（一八六三）に藩論が一変した際には、吟味役、苗字帯刀を召放《めしはな》されて永牢の刑へ。しかも、獄中の厳しい糾弾《きゅうだん》にも口を割らず、維新でようやく赦免となった。

弾正台に出仕してのち大蔵省へ移り、広島県参事をつとめ、江藤に引っ張られて、欧州視察の八人の一人にも加えられた。わずか四ヵ月ほどではあったが、大蔵省→広島派遣を経験していたことも、河野の人生を島本とは異なるものにした、といえそうだ。広島は薩長土肥の四藩と、並び称せられるべき維新の功労藩であった。が、新政府では決して優遇されているとはいえず、河野の広島にあった時期、県下はきわめて不穏な状態にあった。

河野はこれをみごと押さえきり、大いに大久保に己れの存在をアピールした。

「これからは大久保さんの時代じゃろう」

河野には政治家たる資質、次代を読む能力が備わっていた。それゆえ、川路ら司法省の奏任官が一致して太政官へ提出した建言書――内容は明らかに詰問状――には参加していない。

河野を島本のあとに据えたのは大木喬任であったが、この人物も思想動向はきわめて河野に近かった。江藤とともに西郷の朝鮮への派遣に賛成しておきながら、征韓論争に敗れ、同郷の江藤や新任の副島種臣までが連袂辞職したにもかかわらず、それには同調しないで、政府に残ってひたすら沈黙を守りつづけた。政府高官＝参議のイスに未練がありすぎたのだ、とその心事を忖度される批評も、まんざら的はずれではなかったように思われる。

ただ大木も河野も、大久保にはその実務手腕を認められていた。

とくに河野は、太政官を代表する形で、川路らの突きあげに耐え、大久保や大木とも連絡をとりながら、どうにか川路らを宥《なだ》めて十二月五日に「警保頭」を辞任している。

川路の対抗馬と巡査への統一

この頃すでに、大久保主導による内務省の設置が決まり、大久保は十一月二十九日の時点で参議兼内務卿に任命されていた。河野はひそやかに、司法省から「警保寮」を内務省へ移管する実務を担当した可能性が高い。もっとも司法省には司法省の思惑があったようで、司法卿の大木は河野の後任に司法少丞・得能良介《とくのうりょうすけ》（薩摩藩出身）を任命するつもりで大久保へ打診したが、すでに大久保の胸中には川路があり、「得能警保頭」は実現しなかった。

ただし川路に、ほかに対抗馬がいなかったのかといえば、そうでもない。むしろ、大久保との近さをもってしても敵対し得ない強敵が、司法省の警察畑には存在した。

同じ薩摩藩出身の坂元純熙であり、邏卒総長では同期ながら、席次は川路より一頭上で、フランスへ川路が視察に出ている間、法曹関係兼任ではない坂元は、警察の機構をほぼ一人で掌握していたといってよい。

もし、坂元が国分友諒らとともに、西郷隆盛の参議復帰を政府へ働きかけ、あまりに熱心になりすぎて、その言動が不穏な音調を帯びなければ、川路は新設の「東京警視庁」の〝大警視〟のイスを彼に奪われたかもしれない。

「どげんしてンでん、西郷さァの参議復帰ば図ってほしか思いもす。もし、無理じゃっちいわれンなら、ない、よごわんそう。東京の邏卒も近衛にならい申す」

ついに坂元は伝家の宝刀を抜き、「警保寮」が司法省から内務省へ移されたその日――明治七年一月十日、自ら辞表を提出した。鹿児島県出身の警察官吏百余人も、これに従った。

この時、「警保寮」に所属していた鹿児島県人は八百から九百名ぐらいであり、百余人が一斉に職を辞することは、新設内務省にとって由々しき一大事であったろう。

この後始末にあたったのが川路であったが、周囲はまちがいなくその川路も、西郷と江藤を慕って下野するだろう、と看《み》なしていた。が、この臍曲りはそれを断固としてしなかった。そのことが川路の不人気を、大いに強調することとなる。

「ポリスは人民を守るのが役目でごわす。政争の道具ではありもはん」

川路は毅然《きぜん》として浮き立つ他の邏卒を押さえ、なかには一度辞職しながら元の部署へ復帰を願い出る者も、その人柄によっては許したりしている。

熱血漢・坂元純熙はその後、どうしたのか。一旦、鹿児島へ戻ったものの、近衛兵になっていた連中とはやはり合わず、間もなく袂《たもと》を分かって東京へ舞い戻った。さすがに内務省へはもどれなかったようで、陸軍省に口をきいてもらい、西南戦争にも従軍している。

このおり、川路は臨時とはいえ陸軍少将となっていたが、坂元は少佐でしかなかった。それでものちには少将まで昇進し、大正三年（一九一四）に没している。享年七十一。

自身の明治七年における出処進退を、彼はどのようにふり返っていたであろうか。

「国内安寧人民保護の事務を管理する所」

と定義された内務省は、省内に一等寮として「勧業」と「警保」を、二等寮として「戸籍」「駅逓《えきてい》」「土木」「地理」。一等司に「測量」を配して、国内行政の大部分を管轄下に置いた。司法省にあって、二等寮であった「警保」は一等寮に昇格。大久保がこれからの内政をどのように考えていたか、多少は知る手がかりともなった。

大久保は全国的に広まっている不平・不満の士族が起こすであろう反乱、農民一揆に備え、軍隊＝鎮台兵の増強・訓練をいそぎ、併せて警察の活用——各府県への派遣＝事前防衛、探索作業、さらには第二の軍隊としての可能性＝即戦力を考えていた。

おそらくこうしたプランは、フランスにあって川路からも聞いていたであろうし、自身の欧米視察の中でも十二分に見聞したことであったに違いない。問題はその質の向上にあった。

明治七年一月、鍛冶橋《かじばし》門内のもと津山藩邸へ設置された「東京警視庁」は、邏卒を巡査と改称し、番人を廃した。ここではじめて巡査に統一されたわけだが、他の府県では捕吏、取締組、番人などの名称が相変わらずもちいられており、これらが東京並に統一されるのは約一年後、明治八年の十月からで、以来、全国的に巡査の名称が認知されるようになる。

なお巡査は、すでに見たように刀剣を帯びずに、三尺棒（府県によっては六尺）を持って喧嘩の仲裁や犯人逮捕にあたっていた。

〝お廻り〟の由来と川路の四時間睡眠

蛇足ながら、今日でも使用されている「警部」の名称は、司法省に「警保寮」が新設されたときからあった。〝部〟は古《いにしえ》の大和朝廷の官名の一つ、解部・服部と同じである。

では、〝お廻り〟の由来は――諸説あるようだが、明治十三年刊行の『洋々社談』（第七十号）には、増田射水の「お廻りの説」が出ている。

今、市中の児女、巡査を称してお廻りと云ふ。此称《このしょう》や旧時（徳川時代）より有りし称にて、巡査ありて然《しか》る後に起るものに非《あら》ざるなり。

文久の頃、幕府新徴組を編し、槍剣等に習熟せる者を徴す。家茂《いえもち》将軍（十四代）上洛の時に当り、此組江戸市中を巡邏す。陣笠を被り、裁付《たつつ》け、或《あるい》は長剣を帯び、或は短槍を横《よこた》へ、数十人市街の両側に列して行く。肩聳《そび》え臂《ひじ》張り、勢あり。挽夫襻婦皆路傍に避け、其過《そのすぎ》るを待たざるを得ず。市人之《これ》を畏怖して〝御廻《おんまわ》り〟と云ふ。明治の初、東京を四十七区に分ち、諸藩士卒をして巡邏せしむ。之を市中取締りと云ふ。市人亦《また》お廻りと称す。後《のち》市中取締りを変じて邏卒となり巡査となる。其制其名再三変して、而《しこう》してお廻りの称は因襲して更改《こうかい》せず。

すでにみた幕末の薩摩藩邸焼き討ち事件、あれをやってのけた新徴組の面々も、〃お廻り〃（正しくは、御廻り）と呼ばれていたという。このあたりがどうやら、真相のように思われるが、言葉のイメージというのは時代によって変わるもののようである。

新設の「東京警視庁」は、「警視長」一人を長官として置き、その下に正権大少警視及び正権大中少警部を置いた。府下を六大区に分けて、警視出張所を設け、これをさらに十六小区にわかち、計九十六（のち九十二）の邏卒出張所を設置している。

大半の警視出張所は、旧藩邸を使用。一月二十四日に川路は「大警視」に任じられた。司法中検事・安藤則命、司法大警視・田辺良顕、警保権助・丁野遠影を「権大警視」とし、司法少警視・綿貫吉直、津川顕蔵《けんぞう》、渥見《あつみ》友成《ともなり》、林三介、檜垣《ひがき》直枝《なおえ》、警保権大属・江口高雄を「少警視」に任じ、綿貫以下六人を各大区出張所長に据えた。

川路は五月に入ると「警視長」（月給三等で三百五十円）となり、「大警視」には安藤が昇格、以下も各々階級をあげたが、内務卿・大久保利通の行政改革の断行――ふくらみすぎた内務省を再編し、官庁を再統合、官員を整理する過程で、明治十年一月十一日、「東京警視庁」は教部省とともに廃止され、「警視局」となる。寮を整理して局に各々格下げとなり、組織は縮小化された。官吏の月俸も削減、上級官員の等級、俸禄も見直し、その中で川路は十月十五日、「大警視」に戻って、安藤は「中警視」となった。

もっともこれは川路の価値を損ねるものではなく、十一月五日、川路は正五位に叙せられている。徳川時代の大名（従五位以上）に列したにも等しい、日本の顕官になったわけだ。

（――おいが、かつての大名でごわすか……）

時勢が演じる魔術を見るように、さしもの川路もしばし茫然《ぼうぜん》とした。そして、じわりじわりと全身に広がる感激に、川路はこの国家をありがたい、と心底、思った。

また、生命《いのち》懸けで守らねばならない、とも。

川路はその謝恩のためにも連日、眠る時間を惜しんで職務に励んだ。

「大ナポレオン公（一世）は一日三時間しか眠《ね》んじゃったと聞き申した。おいはそれほどの出来物ではごわはんから、せめてン、四時間ば眠らしてもらいもす」

川路はそういい、本当に死ぬまでこれを実践した。

揺籃期《ようらんき》の首都警察の長官は多忙をきわめ、その激務は想像を絶している。

現に「東京警視庁」の創設の前日――明治七年の一月十四日午後八時すぎ、赤坂喰違見附で岩倉具視《ともみ》が襲撃され、九死に一生を得るという事件が起きた。

大久保は川路に、何としてもこの襲撃犯を検挙せよ、と厳命。川路は犯人逮捕までの間、不眠不休で捜査の陣頭指揮をとった。

下野した江藤新平、板垣退助や後藤象二郎が、「民選議院」の設立を建白する挙に出たのもこの頃のこと。帝都は、騒然としていた。

消防事務も「東京警視庁」へ移管となり、各大区に病院を設置する懸案もあった。

これらは当時、すべて川路の担当であり、彼は一方で巡査の警備編成もしなければならず、かといって日常の犯罪は〝大警視〟を待ってはくれない。彼の置かれている立場の困難さは、そのまま警察官の「自守盟約」にも表れていた。もし、これを今日の警察官にそのままあてはめたなら、「とてもしたがえない」と大半の警察官は悲鳴をあげるに相違ない。

たとえば、飲酒は薬の効用と、親戚朋友の慶賀等にしか飲んではならない。婦人に戯《たわむ》れととられる言動をしてもいけないし、大きい声で歌をうたうような不体裁は厳禁。しかも、これらが守られているかどうか、仲間内で「忠告の責」を負わねばならない。借財するにも上司の許可がいる。要するに、寝ても醒めても警察官であれ、ということに尽きた。

「放蕩淫逸《ほうとういんいつ》を制して、風俗を正しくするは警官の職務なり。若《も》し夫《そ》れ以上の各項に違背する時は職を辞して罪を謝《しゃ》せしむ」

厳格無比の「東京警視庁」と名補佐役・村田氏寿《うじひさ》

さらに川路は、巡査合宿所まで設置している。すべての巡査を強制的に合宿所住まいとして、六十日間、ここで上司と部下の融和、法律の研究や漢籍の講義をおこない、習字を稽古させ、まさしく序章にみた薩摩の郷中制度を底敷きにした、厳格な集団生活を強《し》いた。

事実、川路の厳しい統制についていけず、幹部の中にも幾人か落伍者が出ている。

しかし川路は、幹部であっても、決して手心を加えなかった。警察官は一同、その酷薄《こくはく》なまでの川路の態度に戦慄した。ある時、権少警視の津川顕蔵が飲酒のあげく、規則を犯して夜半、巡査合宿所へこともあろうに芸妓《げいぎ》を連れ込み、淫行に耽《ふけ》るということをやった。

当然の如く、瞬時にして耳に入った川路は、

「なんということを……」

ほとんど叫ぼうとするほどの勢いで、津川を呼びつけ、睨《にら》みつけた。

津川は呆然としながらも、わしは警察官僚である前に一人の人間である、息抜きも必要だ。そこまでいわれることはない、と小声で抗弁をこころみた。

川路はそうした津川をまじまじとみて、「津川」と、ゆっくり諭すように言った。

「警官は天職じゃ。人民のために死すべし」

川路は心底からそう思っていた。警察官は国家、国民の盾《たて》であり、滅私奉公以外につとめようはない、と。国の安寧《あんねい》を守って死ぬか、生き残って己れの誇りに余生を送るか、そのどちらかしかなく、他に道のないのが警察官だ、と川路は思い定めていた。

津川の悲劇は、「警保寮」＝「東京警視庁」＝川路と直結できる時代にいきあわせてしまったことであったろう。冷静沈着な川路の顔が、徐々にすさまじい形相《ぎょうそう》に変わっていく。

「ないごて、お前《まん》さァはこげんこつをしなさったか。おいはお前さァをたたっ斬りたか。じゃッどん、警察官は法律を尊ばねばなりもはん。このうえは潔く、警視庁ば去《さ》っとじゃ」

川路は警察官の不正を決して見逃したり、許したりはしなかった。

刑名の徒はまさに、その本性を発揮し始めたといってよい。この川路を「警保頭」として後見したのが、有能だが朴訥《ぼくとつ》とした内務大丞・村田氏寿であった。

河野敏鎌の跡をうけた村田は、内務省移管後の初代警保寮の頭として、行政警察を「東京警視庁」をはじめ、全国に設置する大役を担っていた。明治七年一月二十九日に五十四歳で権頭となり、翌年十二月に頭へ。先にふれた行革で、「警保局長」と名称をかえた。

もと越前福井藩士で、三十五歳のおり藩命で横井小楠《しょうなん》を招聘すべく肥後熊本藩へ赴いたのを一例に、幕府の政事総裁職をつとめた藩主・松平慶永《よしなが》（春嶽《しゅんがく》）の側近にありつづけた。ただ春嶽の手足となって働いたため、吉田松陰や橋本左内（いずれも安政の大獄で刑死）を知り、西郷隆盛とも同じ一橋派の工作員として面識をもっている。坂本龍馬、大久保利通とも交わりを結び、禁門の変では軍監として堺町御門で大砲小銃の撃ち合いにつづき、白兵戦にも参加して、敵の首級を多数あげている。自身も左胸部、左足などに重傷を負っていた。

戊辰戦争では、越後に転戦。若松城攻めにも参加して、維新後、福井藩大参事となり、内務官僚の道を歩んだ。先の島本、河野が揃って安井息軒の門に入って学問を積み、司法省育ちで法律と裁判事務に長じていたのに比較すれば、村田は幕末、むしろ武官として腕に覚えありの世界を生き抜き、明治に入ってからは地方行政官としての経歴しか持たなかった。

だが、よほどの出来物であったのだろう。この明治内乱の多発期、大久保のもとで内務省を支えた五人の内務大丞の一人であったことは間違いない。ほかは旧幕臣の前島密《ひそか》、奇兵隊出身の林友幸《ともゆき》、旧幕臣の杉浦譲《ゆずる》、旧丹後宮津藩士の河瀬秀治《かわせひでじ》の四人。川路は村田を上にいただいたことで、「東京警視庁」の整備、強化に専念することができた。

よく誤解されるところだが、「東京警視庁」の誕生によって、「警保寮」には直接の、警察の執行部門がなくなった。村田の仕事は専ら、内務卿の補佐ともいうべきもので、全国に広がる警察網について、法規や制度の施行、その指導監督にあたるのが主務となっていた。

川路が強く要求していた巡査の帯剣――明治七年八月五日付で、一等巡査（巡査は一等より四等まである）のみ佩剣《はいけん》を許すとの処置も、村田が強く後押しして成就したものであった。ついでながら、巡査がすべて帯剣するのは明治十五年十二月二日のことであり、警察が一段と国家権力を表面に打ち出すようになってからのことであった。村田、川路は巡査すべてに佩剣は必要ない、との考え方であり、剣を帯びるからにはそれだけの資格――厳正忠実公平無私不偏不党の覚悟が備わっていなければならない、と説いた。

なお、「警部補」（十五等）が設置されたのもこの二人の働きかけに拠る。

村田は決して自らを売り込もうとはせず、控えめな性格で、普段はこれが歴戦の強兵《つわもの》かと周囲に首をかしげられる温厚な人柄であったが、ともすると他人《ひと》の目につきにくい細部への気配り、一方で全体を眺《なが》める眼力のたしかさを持った人物であったといえそうだ。

巡査の月俸に気をつかい、出張所、屯所《とんしょ》の設置に苦慮し、それでなくとも政府が緊縮財政を採る中、苦心惨憺《さんたん》して日本の警察機能の確立に、懸命の努力を払っている。

先のことになるが、明治十年一月の行政改革に応じて、内務大丞が廃官となったのを期に、村田は退官し、その後は旧主家の越前松平家の世話を焼いて余生をおくったという。明治三十二年、七十九歳でこの世を去っている。

巡査の理想と実体

明治七年二月、内務省は東京府下の番人を廃し、さらに精選の巡査三千人を増置。三月には、非常時における巡査の兵器使用（正院あるいは内務卿の下命により）を正院に認めさせた。巡査に本格的な、軍事教練も課している。川路の漢詩の中に、この年八月の作とおもわれる「述懐」と題する作品があった。読み下してみる。

制成す挺隊《ていたい》、六千の児《こ》を　協力、同心すれば、山をも移す可《べ》し
生死は人間に、元より命あり　丈夫、信無ければ亦、何を為《な》さんや

六千人の若き突撃隊（警察官）が隊列を整え、力を合わせて一致団結すれば、山ですら動かすことができる。生きるも死ぬも、人間にはもとから定めというものがある。一人前の男児は信念がなければ、また何を行うことができようか。

川路は国家、国民を守って倒れるのが、警察官の本懐だ、と心の底から信じて疑わなかっ

た。軍事の訓練は、相当過酷なものであったようだが、こののち西南戦争でその成果、真価を発揮することになる。

一方で、巡査の礼式が定められ、敬礼の仕方や帽子のとるとらないなど、細々としたことが決められた。「巡査黜陟《ちゅっちょく》例」「巡査懲罰例」「巡査賞与法」「巡査死傷扶助法」「巡査規則及心得」――わずかな期間に、巡査の質的向上が目にみえて明らかになりはじめる。

余談ながら、川路が焦る気持ちもわからなくはないような、とんでもない巡査が当時、存在していた。明治七年四月十六日付の「新聞雑誌」には、巡査が芸者の置屋を兼業していた、という記事が載っている。

さて、先に少しふれた明治七年（一八七四）一月十四日の、岩倉具視が喰違門で襲撃された一件である。岩倉を襲った犯人の高知県士族・武市熊吉以下九名は、ほどなく逮捕された。が、反政府活動はいよいよ盛んとなりはじめる。

ところで、「東京警視庁」の巡査のことを、この頃、「小便木刀」と呼ぶのが流行していた。

「往来で用を足していると、必ずかけつけて来て、小言をいいやがる。たかが岡っ引のなれの果て、いばるんじゃないぜ、まったく」

旧幕臣の出身で、〝髪はさみ店〞（散髪屋）のおやじは、そう書き残している。

しかし、当時の巡査の手記をみると、なかなかどうして「小便木刀」も楽ではなかった。なにしろ川路の引き締めを受け、採用条件がはなはだ厳しくなっていた。二十歳以上四十歳までで、身体強健にして五尺以上の身長を要し、刑法や警察の法規、日本史にまでも通じていなければならず、読み書きに加減乗除《かげんじょうじょ》が達者でないと、巡査にはなれなかった。無論、人物が上等でなければ問題外。このあたりのことを、当の巡査はどのように見ていたのか。興味深い聞き書きが、『明治百話』に収録されていた。

官員は満十五年、巡査は満十年勤めあげると恩給が出ます。その上は一年一円ずつ殖《ふ》える、私は十三年勤めましたから三十三円いただけるしだいです。閑話休題《それはさておき》〈中略〉その頃は巡査の志願者がなかなか多く、その筋でも容易に採用しませんで、三十人に五人くらいの割でした。私は幸いに試験に及第して数日の後辞令を握った時は鬼の首でも取った勢いでしたが、その値打がいくらかというに、たかが四等巡査で月給六円「四等巡査にお金があアらば電信柱に花が咲く」と唄われたくらいでした。それで暮らして行けたのは全く諸式が安かったためです。拝命後は二か月間警察署で見習いをやり、それがすむと「立番」に出る、〈中略〉まだその頃は交番所が設けてない、街の角々へ一時間交替でたたずんだものです。「イヤだおっ母さん巡査の女房　できるその子が雨晒《あまざら》し」という歌の創《はじ》まったのはその頃でして雨や雪もたまらないが夏の夕立ちに、雷なぞ鳴る時は、御当人の棒先生も、アア子々孫々まで巡査はさせまいと思いましたよ。風雨の日の立番も辛いものですが、また夜の番もいやだった。寂しいと眠いと恐ろしいとの三拍子にはずいぶん参らされたものです。

今日とくらべるのもなんだが、だいぶ、警察官の現場に差があったことが知れる。聞き書きを読んでいると、こうした一般の巡査の素行も川路は厳しく見張っていたようだ。以下はまさに、日常くりひろげられた川路の目付ともいうべき「オバケ」と巡査たちの攻防戦といってよい。

居眠りの失策ではおかしい話も数多くあります。何しろ夜の番で一時間交代ですから眠いの眠くないのってお話になりません。ですから罰の箇条も多いうちで、とりわけ居眠りで罰せられるのが最も多かったのです。罰の大略をいってみますと、居眠りを第一として、遅刻、脱靴、脱帽、欠席、巡行線路取違えなぞでした。遅刻はいうまでもありませんが、脱靴なぞというものは今日ではないことで、私たちが勤めた頃交番の出来始めで、室のなかに一日腰をかけていることがつらく、つい靴を脱いでしまう。そこを警部に見つけられると罰を喰います。脱帽も同様、巡行線路取違えは、横着心から規定されている線を通らず、近道をしたり寂しい処を避けて賑やかな町を通ったりすることで、〈中略〉そこでこの夜番というやつ、一時間ごとに交代で起こされる。なまじっか横になるのでかえって疲れが長い。〈中略〉帽子を冠らず巡行していたり、歩きながら居眠って電信柱にぶつかるくらいは罪の軽い方です。泥溝《どぶ》へ落ちることも珍しくありませんでした。〈中略〉さてこうやって居眠りに襲われているうちにも、油断のならぬものがある。それを我々の仲間では「オバケ」といいました。〈中略〉人の家では盗賊を怖がる。盗賊は巡査を怖がる。巡査はまたオバケを怖がる。そのオバケも正体を申せば何でもない我々巡査の行状を見廻る「忍びの警部」のことなんです。

おもしろいのは、巡査自身がこの「忍びの警部」を認めている点であった。

こうした〝お廻りさん〟が、川路の厳格きわまりない教練と訓辞の洗礼を受けて、一面、近衛軍をも凌駕する強兵集団となっていくのだから、教育とは凄まじいものだ。

討つは四県のみ、各個撃破すべし

冷厳な洞察力をもつ大久保利通は、厳選して訓練に訓練を重ねた六千の警察官を束ねる川路利良に、全国への警戒体制を指示した。

「なん、全国の不平士族が一斉に決起などはしもはん。病巣は四県のみでごわす」

大久保は川路に告げたものだ。

四県――鹿児島・山口・高知・佐賀――すなわち旧薩長土肥の四藩は、戊辰戦争に主力として参加し、戦野に多くの同僚の屍《しかばね》をさらしながら、新しい時代を自分たちの手で切り開いたとの自負がある。それだけに、各々の志とは異なり、新政府が藩を消滅させた処置が気に入らず、他の佐幕派旧藩や勤王旧小藩に比べ、激怒の血を反政府運動に滾《たぎ》らせていた。

もともと、幕府を倒した官軍の四大勢力である。現政府を覆《くつがえ》すことなど、造作もないように思っていたふしがある。確かに、薩長土肥の不平士族が団結して、その首領に西郷隆盛をかついだ場合を想定すると、太政官には勝ち目が少なかったかもしれない。

敵は伝統の武士集団であり、戊辰戦争の戦火を身をもって掻《か》い潜《くぐ》った人々である。

これに対抗すべき政府側は、徴兵制でかり集められた農民集団の鎮台兵。彼らは三百年、戦争に出た経験がない。向こうには全国に士族世論という絶大な支持もあったが、こちら側には孤立無援という現状しかなかった。

「頼みは、お前《まん》さァのポリスたちじゃ」

大久保は四県へ臨機応変、「東京警視庁」の巡査を派遣し、府県の巡査を教導させ、これらをもって鎮台兵の弱さをカバーしようと策していた。しかも、己れの手腕一つで辛うじて政権を支えている大久保は、四県制圧の青写真をすでに心中に秘蔵していたのである。

各個撃破——四つの病巣を、一つずつ摘出してゆく。それならば、弱体政府軍と「東京警視庁」の連合軍にも勝利のチャンスはある、と大久保は確信していた。

では、最初の標的をどこに定めるか。佐賀県が最有力といえなくもなかった。

まず外的要因からみると、前年の明治六年、佐賀は県内に大干魃《かんばつ》と台風が見舞い、農作物の収穫は例年の半分以下という被害を受けている。県内では米価の騰貴が著しく、人々は飢え、人心は騒然となっていた。そうした不穏な情勢は逐一、東京へ打電されていた。

江藤抹殺という命題をもちつづける大久保にとっては、まさに一石二鳥の、千載一遇の機会であったろう。そんな中を江藤新平は、壮図を抱いて明治七年一月十三日——岩倉襲撃の前日——に、故郷へ向かって東京をあとにした。

出発に際して、同郷の副島種臣も、大木喬任《たかとう》も、大隈重信も、江藤の帰省に反対した。

今、帰れば、叛乱の首領に祭り上げられる、と彼らは口々に忠告したのだが、江藤はそうした言葉に耳をかさず、荘重な慷慨《こうがい》の気持ちと憂国の情念から、風雲急を告げる佐賀へ、鎮静化のために向かうのだ、と抗弁した。もっとも、佐賀に足を踏み入れてのち、さしもの江藤もその混乱ぶりに驚き、一度、長崎に退いて趨勢の傍観をきめ込みはするのだが。

江藤の心中には、維新戦争に出遅れた佐賀県士族が、今度こそいち早く決起すれば、鹿児島・山口・高知の士族がつづいて立ちあがる。これらを連合してまず、長州藩閥と大久保政権を打ち倒し、さらに全国の非藩閥系不平士族を糾合して、究極的には〝薩長〞の二大藩閥勢力を完全に屠《ほふ》るつもりでいた。

なにものをも屈服させずにおかない舌鋒《ぜっぽう》、理論家で鳴るこの男が、どういうわけか、こと戦争となると、多分に幻想を専行させる嫌《きらい》(傾向)があった。現実を把握する能力に、欠けていたといってもよい。

あるいは、江藤は自らの能力を過信し、知謀を弄《ろう》しすぎる癖《へき》があったのかもしれない。

「おれの手で、第二の維新をやってみせる」

彼には遠大な理想が、胸に騒いでいた。

しかし、江藤はかつては参議兼司法卿の枢要な身分ではあったが、いまや徒手空拳の人でしかない。政治権力をもたない彼は、一介の書生と何らかわらなかった。まずは何よりも己れの勢力を築くべきであったろう。だが、江藤にはその種の工夫、根回しが皆目なかった。

それでいて猪突猛進——佐賀へ帰れば自然と道は開けるに違いない。帰郷してから具体策を考えても遅くはない、と江藤は高を括《くく》っていた。己れが佐賀に入る以前に、大久保指揮下の政府軍や警察が、すでに活発に動いていたことなど空想すらできなかったようだ。

「佐賀県に追討令が出たらしい」

二月五日、政府の各省の官僚たちは、暗澹《あんたん》たる動揺を隠しきれなかった。

人々が一瞬、自失したかのように、暗い危惧の底に沈んだのも無理はなかったろう。

薩長土肥で成り立っていた太政官が、先頃の征韓論さわぎで薩・土・肥の多くに廟堂を去られ、いまや唯一残ったともいうべき脆弱な長州藩閥を背景に、旧薩摩藩士の大久保利通が、佐賀に江藤新平を追討に行くというのだ。

「そういえば西郷大将も、兵部大輔をつとめた山口県の前原一誠《まえばらいっせい》どのも、叛乱の可能性があるというではないか」

いよいよ政府は瓦解《がかい》するのか、と人々は真っ蒼な顔をして憶測し合った。

江藤の最期

二月七日、大久保は「おいみずから、佐賀に赴く所存でごわす」と意思を表明。三条や岩倉、木戸といった政府の首脳に、了解をとるべく働きかけをおこなうと、軍事・行政・司法の三権を佐賀県内で握れるよう、太政官に願い出た。

独裁とはいえ、これほどの専横権が、はたして参議兼内務卿のひとりに許されてよいものかどうか。新生国家の揺籃期なればこそであったろう。留守中の段取りをつけて、大久保は二月十四日（土曜日）午前十一時の汽車で東京を発った。

一方、佐賀県士族・島義勇《よしたけ》——もと侍従で、江藤と並ぶ名士、憂国党を従えている人物——は九州へ向かう船の中で偶然、新しい佐賀県権令として赴任の途にあった岩村高俊（先任者の通俊は実兄）から、佐賀追討令の詳細を知らされる。

政府は徹底的に、佐賀の不平士族を殲滅《せんめつ》するというのだ。これを聞かされた島は、

「座して死を待つよりは、後世に鍋島武士の面目を汚《けが》さぬためにも、利害成敗を問わず、我々も立ち上がらずばなるまい」

と迸《ほとばし》る無念を抱いて、江藤の決起に与《くみ》することを決意する。

それにしても、佐賀の騒動は当初、単なる打ちこわしにすぎない小規模なものであった。このレベルなら追討令などは、出したくとも出せなかったに違いない。それが当時の日本に、十人といない政府のもと最高官（参議）、江藤新平が帰郷したことにより、燻《くすぶ》っていた士族の不平・不満は、江藤を擁することで名分を得、暴動の輪はまたたくまに県内に広がり、一触即発の爆薬に火を点じる結末となった。

加えて、主義主張の異なることから、常日頃は行き来のない島義勇までが、政府の佐賀士族抹殺という陰謀を聞き、叛乱に荷担した。不平士族の数は一万人を超えて膨れあがった。

二月十四日午後五時、大久保を総大将とする政府軍の幕僚は、横浜で北海丸という船に乗り込み、一路、九州をめざした。ところが、佐賀の乱の首謀者と名ざしにされている当の江藤新平はこの日ようやく、形勢を傍観していた長崎から佐賀に入ったばかりであった。

二月十八日、佐賀県士族の決起軍は、前々日の十五日に敵前上陸を敢行し、以来、佐賀城に立籠っていた熊本鎮台の兵三百余人（一個大隊一個小隊）を駆逐し、緒戦を勝利でかざると、佐賀城に凱旋してここを本営と定めた。

主将の江藤新平は遅ればせながら、兵器の買い入れに人を長崎へ派遣するとともに、全国不平士族への檄文を草し、発布の準備にかかった。

「これでよい、佐賀《われら》の挙兵に共鳴して西郷が、板垣が、各々兵を挙げてくれるだろう」

江藤は第二の明治維新を、半ば成し遂げたような満足感に包まれていた。

彼の計算では、佐賀城陥落の知らせを政府が受け、各地の鎮台兵を動員して、この地に殺到するまでには、どうみても十日はかかった。それまでに九州、四国の反政府勢力が決起すれば、劣勢な政府軍に勝ち目はない。天下の不平士族を糾合して、現政権を討ち倒せる。

だが、叛乱軍がその城に義旗を翻して興じている頃、大久保はあたかも北洋上の氷塊のようなその姿を、錚々《そうそう》たる幕僚とともに、博多湾頭にみせていた。二月二十日のことである。

この日、大久保一行に半日遅れ、野津鎮雄《のづしずお》少将率いる陸軍——大阪鎮台の二個大隊、東京鎮台の一個砲隊、計千三百六十四名が到着した。野津は戊辰戦争で名を馳せた薩将である。

大久保は福岡城に野津少将を迎え、さっそく軍議に入った。

野津は海軍側が、当時の日本最強の軍艦「東艦」（前名「甲鉄艦」）に、海兵隊二個小隊と砲兵一個小隊、加えて途中で募集した士族隊などを積み込み、輸送船をも連ねて、まもなく到着する旨を報告した。陸海軍による万全を期しての攻撃、これが野津の腹案であった。

しかし大久保は、即座に陸軍の現有戦力による単独攻撃を強く希望した。

彼にすれば、時間の経過は不平士族のより一層の連合を意味し、政府の瓦解すら暗示していた。それだけに、大久保の発言は希望というよりは、ほとんど命令に近い響きがあった。

「わかりもうした」

野津も薩摩藩の出身者の、数少ない現政権への残留組の一人である。先輩大久保の心中は、痛いほど理解できた。多くを語らず、一言で進軍の危険を一身にひきうけた。

大久保は念には念を入れるつもりで、福岡、小倉でも志願兵の募集をおこなった。戦争の最中に、寝返りを懸念する声もでたが、大久保はあえて志願者に〝朝敵懲滅〟の旗を掲げさせた。士族たちはいい知れぬ鬱屈《うっくつ》を蔵していたが、それを鎮静化させるには戦火の中をくぐらせるにかぎる――それが大久保の判断であった。

征韓論であれ、政府転覆であっても、全国の不平士族は、維新の動乱で燃焼しきれなかった全身の鬱積《うっせき》を、ただ爆発させたくてうずうずしているだけなのだ、と大久保はいう。その名分を江藤に先んじて政府が与えてやれば、彼らはその期待にこたえてくれるだろう、と。

江藤が十日はかかるだろう、と見くびっていた間に、政府軍は二手に分かれて佐賀に進軍。瞬時にして、叛乱軍を圧倒した。なにしろ、軍装備そのものが格段に違いすぎる。

江藤は突如として降って湧いた政府軍を、〝暴兵〟と呼び、憤慨したが、すべては後の祭りであった。二月二十三日夜、江藤は一方的に敗北を宣言するや、山中一郎、香月《かづき》経五郎、山田平蔵、中島鼎蔵、生田源八らとともに有明海に逃げ出すありさま。

江藤が戦場から離脱しても、佐賀県士族は懸命に抗戦を続けた。が、もう一方の雄、島義勇も敵せずと鹿児島へ敗走したため、さしもの決起軍も七花八裂《しちかはちれつ》の潰滅を遂げた。

江籐は鹿児島に逃れ、西郷を頼ったが目的を果たせず、次に高知の士族たちを頼ろうとしたようだ。その亡命中、「内務省」というよりも、江藤自身が司法卿時代に整備した捜査網によって逮捕され、佐賀へ送られることになった。江藤を裁いたのは、かつての部下・河野敏鎌《とがま》であった。江藤は梟首《さらしくび》という江戸時代の極刑をもち出されて裁かれ、あえなくこの世を去った。享年四十一。

島義勇も逃走し、島津久光を頼ったものの、結局は斬刑梟首となる。こちらの享年は、五十三であった。

反乱陸続

「――次は土佐か、そいとも長州か……」

虎視眈々《こしたんたん》と、反乱の動きを注視していた大久保利通と川路利良の前に、存外、旧長州すなわち山口県が暴発するのではないか、という情報が寄せられた。

山口県には木戸孝允の政敵・前原一誠がいた。幕末を生きのびた彼は、明治二年（一八六九）の時点ではやくも参議、兵部大輔をつとめている。前原は松下村塾の高弟であり、吉田松陰の思想を受け継いだ濃度でいえば、いまは亡き高杉晋作や久坂玄瑞《くさかげんずい》と並ぶ人物。

それだけに尊王攘夷をねじ曲げたあげく、武士を否定し、日本の伝統を屠った太政官が、どうにも我慢できないでいた。その前原が突如、山口県の萩へ帰ってしまった。

そんな彼の前へ、符合したように西郷隆盛の密使が現れる。

指宿《いぶすき》辰次、小林寛と名乗った密使は、さんざん大久保政権を誹謗《ひぼう》し、前原に決起を促す。

前原はこれを快諾《かいだく》した。ところが、この密使は真っ赤な偽物であった。

しかも密使が偽の使者であったことを知ったのは、配下の者を返礼に、鹿児島へやってのちのことであったという。あまりにもお粗末な、謀議といわねばならない。

「しまった」

と臍《ほぞ》を噬《か》んだが、すでに遅かった。

その間に大久保は、参議兼工部卿へと昇格させた伊藤博文へ、長州藩閥の首領・木戸孝允の説得を依頼し、川路と謀って巡査を山口県下へ派遣した。

その一方で、極端な国粋思想でまとまる熊本の〝神風連〟（敬神党）の動静を探り、明治九年三月に出された廃刀令を引き金に、彼らが十月二十四日に決起し、熊本鎮台長官・種田政明（薩摩藩出身・陸軍少将）を襲撃して斬殺するや、すぐさまこれの鎮圧を命じた。種田の享年は四十。

神風連の一党百七十名中、戦死あるいは自害した者百十七名。自首して刑死した者三名、獄中に死亡した者三名を加えると、死者は百二十三名にのぼった。

さらに十月二十七日、今度は福岡県秋月の士族が、今村百八郎、宮崎車之助らを中心に、二百数十の人数を募って挙兵した。

秋月藩五万石は以前、福岡藩五十二万三千石の支藩であり、本家が佐幕一辺倒で討幕運動に出遅れたことから、支藩秋月の士族に憤懣のエネルギーを燃えあがらせる結果をまねいた。神風連と秋月党は、主義主張が異なり、本来、連鎖して花火をあげる筋合いのものではなかった。一方は復古的攘夷主義であり、他方は単なる保守思想の集団である。それが現政権を倒したい、ということにおいてのみ、信じられないほどの結束をもたらした。

とくに、神風連を除く各叛乱勢力は、

「こいで、薩摩の西郷と長州の前原ば立ってくれさえすりゃ、日本ば立ち直るとばい」

そう信じて疑わなかった。この際、薩長主力の現政権を、またしても薩長の反政府勢力によって倒そうとする、自らの矛盾については目をつぶっている。

「あの糞《くそ》チン(鎮台)め」——制圧された士族たちは、農民兵の寄せ集めと軽蔑していた政府軍派遣の鎮台兵が、意外に頑強なのに驚いた、という。

一方、山口県では、神風連決起を聞いた前原一誠が、ついに突出を決断した。十月二十六日のことである。〝殉国軍〟という名称をつけて、公然と士族を糾合した。

「鹿児島から西郷大将が来るぞ」

とも触れまわった。前原のおよそ策謀らしからぬところは、事ここに至っても、西郷隆盛の人となりを読みきれていなかったところに、如実であったといっていい。

西郷が鹿児島に帰って組織した「私学校」の人々を率いて、捲土重来《けんどちょうらい》、東京をつく、という可能性はなくはなかった。しかし、それを現実化するにはさらなる機会の熟する時間が必要であったのだが、前原にはそれがわからなかったようだ。

すでに山口県内には、伊藤博文の周旋で多数の警官が潜入していた。事前の情報戦でも前原は政府軍に遅れをとっていた。にもかかわらず十月三十一日、政府軍との間に、前原率いる殉国軍は最初の市街戦を展開する。この日、前原の軍には勝機があった。

だが戦闘中、有能な幹部が幾人か撃たれ、戦闘指揮に自信のない前原は、翌日、幹部数人とともに漁船で萩を脱出してしまう。自軍を置き去りにして、敵前逃亡をおこなったというのは、江藤新平の場合と酷似している。

それでも殉国軍は、佐賀の士族同様、首領を失いながらもよく抗戦につとめた。が、漸次《ぜんじ》、鎮台兵が増強されるに及んでは、乱は一週間と持ちこたえられずに鎮圧されてしまう。

十一月五日、前原は逃亡先の島根県で捕えられた。このとき彼は、江藤と同様に東京で裁かれると信じていたようである。東京の司法の場で、己れの真意を大いに陳述し、そのうえで刑に服するにやぶさかではない、と前原は考えていた。

だが、政府は前原を東京へ檻送《かんそう》することなど、はなから考えてはいなかった。

佐賀の乱の前例がある。政敵の江藤を、大久保が問答無用に処罰したように、木戸孝允は己れの政敵・前原一誠を、有無をいわさず裁断する方法に同意した。

結局、前原は海路を萩へつれ戻され、現地の臨時法廷によって一週間のスピード審理のすえ、あっけなく斬罪に処せられた。十二月三日のことであった（享年四十三）。

前原の決起は、東西呼応を策していた会津人・永岡久茂《ながおかひさしげ》の挙兵にも影響を及ぼし、川路の警視庁による摘発をうけた彼らの一団は、東京思案橋近くで剣戟を交えたものの、ついには捕縛の憂きめをみる。こちらの方が、山口県より早かった。前原が斬首される一ヵ月前、十月二十九日のことである。

わずか三ヵ月の間に、西国にあがった内乱の花火は血染めの華を咲かせたものの、再び暗闇の中へ消えていった。

不思議なのはこの時期、全国的な徴兵制の反対運動や地租改正に激昂する農民一揆が、全国各地に展開され、官憲との衝突はそこここで起こっていたにもかかわらず、反政府の武装決起は一揆と連合を組むを潔しとせず、結局は各個撃破されて鎮火されてしまった。

西郷のような偉大な指導者が立たなかったためなのか、それとも時代が、心の底深くでは太政官を容認していたためであったのか。答えは、まもなく出る。

西南戦争の勃発

明治十年（一八七七）早々、西郷は自らの意志とは別に、旧薩摩藩士・篠原国幹《くにもと》の主宰する銃隊学校と村田新八の砲隊学校からなる「私学校」（県下百三十六の分校を含む）に擁せられ、ついに立ちあがった。

大久保にとっても、川路にしても、太政官＝新政府の存亡を賭した正念場となる。

西郷隆盛がなぜ、急に上京を思い立ったのか、今日なおその真相は明らかにされていない。

一説に、〝大警視〟川路が「東京警視庁」の密偵（私学校党側では「東京獅子《あずまじし》」と呼んだ）——部下で鹿児島県出身の中警部・園田長輝、同・菅井誠美ほか二十余名を、父母の見舞い、賜暇《しか》帰省の名目で鹿児島へ帰県させ、彼らをして西郷の生命《いのち》を狙わせた、というのがある。

ことが未遂で露見したため、西郷を敬慕する「私学校」の〝屈強漢《ボッケモン》〟たちが憤激のあまり、西郷を担いで、決起したというのだ。

私学校側に捕えられた警察官の中には、過酷な拷問に耐えかねて、西郷暗殺を川路に命じられた、と自白した者もあり、これが薩軍決起の口実ともなったのは確かだが、筆者は史実とは考えていない。「西郷を視察」といったものが、「西郷の刺殺」と受け取られたのではないか。川路は佐賀の乱、神風連、秋月、あるいは萩の乱、思案橋とことごとくに関係し、その動静を事前に探索させた元締めであったが、何処においてもその首謀者を暗殺するなどの姑息な手段は、一度ももちいていない。命令したこともなかった。

川路は探索のことを明解に警視庁の役割の中に謳っており、現地での状況を探らせる一方で、暴発寸前の私学校から親類縁者を離間させるべく、帰省警察官に詳細な訓示も与えていた。その行為は常に、堂々となされている。

薩摩だけ、しかも恩人であり自分の上司でもある大久保の盟友・西郷を、暗殺することは考えにくい。むしろ、前年、花火のように打ち上がっては散開した各地での挙兵に、さしもの鹿児島健児も刺激され、一部血気の若者たちが、政府に持ち去られようとした火薬庫を襲撃したことから、なしくずしに叛乱となり、その口実に川路の放った警察官がつかわれたのではないか。

西郷は決して立たぬ、太政官の薩摩藩出身者たちは心底から、そう信じ込んできた。

これには理由があった。前年の明治九年、大山巌が情勢の逼迫《ひっぱく》を気づかい、自ら西郷のもとを訪ねたおり、当の西郷は、

「東京へは行かぬ、一蔵どんな、おればそいでよか」

と発言していた。額面どおりに受け取ってよいならば、西郷自身はいよいよ政府が駄目だと見限るまで、大久保のお手並み拝見で、決起の意志をもっていなかったことになる。

二月三日、実弟の西郷小兵衛から、「私学校」暴発の知らせを大隅の小根占《こねじめ》(かつての大隅郡に属する地域)で聞いた西郷は、「しもうた(しまった)」と思わず言葉を漏らしたという。

一方、旧薩摩藩士族を最後にして最強の敵と見定めてきた太政官――その首班たる大久保は、「私学校」=薩軍決起の第一報に接したとき、確信をもって周囲に語っていた。

「吉之助さァは、コン中にはおりもはん」

もし決起する者の中に西郷がいれば、一喝してこの暴挙を抑えたはずだ、というのがその理由であった。

「――そいすら間に合わず、決起にいたったとあらば、おい自らが吉之助さァと面談し、事態を収拾するしか解決の方法はなか」

明治十年の一月から二月にかけて、政府の主だったものは、ほとんどが関西に出向いていた。一月三十日には、孝明天皇の十年祭があり、二月三日には大阪－神戸間の鉄道が開通するとあって、この頃、明治天皇は文武の百官を率いて関西に行幸中であった。

東京には、大久保と岩倉、そして川路が残るのみ。大久保は関西の参議たちに、鹿児島入りしたい旨を打電した。後世から振り返れば、それがあるいは次善の策であったかもしれない。しかし、電報を受けとった参議たちは、事実上の宰相である大久保が、火中に身を投ずるような真似を、傍観できるはずもなかった。

伊藤博文が代表格となり、東京に残っていた岩倉を動かして、大久保の申し出を阻止した。

「吉之助さァの気持ちは、おいにしかわからぬ」

大久保は焦燥のあまり、自宅に籠ったが、この時期、鹿児島の情勢を誰よりも適確につかんでいたということでは、やはり大久保と川路が一番であったろう。昨年の暮れ、内務少輔の林友幸を現地に派遣したのも、〝薩地不穏〟の状況を視察させるためであった。

他に同郷の高橋新吉（大蔵省権少書記官）を帰国させたりもしている。もとより、川路の手のものからの通牒《つうちょう》もある。それらのデータは、西郷の進軍を否定していた。

大久保、川路の胸中

「じゃっどん……、どうすればよかか」

さしもの大久保も、一時のたじろぎをみせた。彼はとりあえず、海軍中将・川村純義《かわむらすみよし》を鹿児島へ説得のために向かわせるが、その半面で、

「――来るどすれば、彼らはどこから来るであろうか」

ぽつり、と川路に尋ねた。

――おそらくは、二つ。長崎を突いて船舶を奪い、それに乗船して海路大阪を、あるいは東京を一気に突く。いま一つは、陸路を日向から豊後・豊前ととり、四国地方や中国の不平分子を吸収しつつ、堂々と本州を東進するか。

「おいなら、そげんし申す」

川路の言に、大久保は小さくうなずいて目を瞑《つむ》る。薩南健児二万人が、怒濤のように東京

を目指す姿が、瞼の裏に浮かんだのであろう。

「大久保さァ、おいに征かせてたもんせ」

川路はきっぱりと言った。

敵は蓋世《がいせい》の名望を一身に集める、日本で唯一人の陸軍大将・西郷隆盛とその与党である。

この当時、海軍は海軍大輔の川村純義が中将どまりで上はないだけに、西郷の存在は陸海軍の最高位者――古来の坂上田村麻呂が任じられた「征夷大将軍」のイメージに近かった。あるいは幕府を開いた源頼朝や足利尊氏、徳川家康と同様の、天下兵馬の大権を握っている、との思いが広く世間にも流布されていた。この大敵と戦うには、示現流でいう、〝肉を斬らせて骨を断つ〟――死中に活を求めるほどの、決意がいる。

川路は、自らを今日までにしてくれた〝明治〟を守り抜きたかった。

「日本をなんとしてでん、守らねばなりもはん。おいが、西郷さァと刺し違え申す」

その言葉に、大久保はハッとしたようだった。

すでに長州、肥前佐賀の旧二雄藩は、政府の砲火を浴びて血を流している。いまだ独立国然としている旧薩摩が、このまま無傷でいられるはずもなかった。新しい時代を迎えるためには、血で贖《あがな》わなければならない代償がある。ましてや薩摩藩は幕末以来、会津藩や長州藩のように致命的な打撃をうけていない。そのつけも払わねばならないようであった。

私学校の暴発に対して、川路は小警視・綿貫吉直《わたぬきよしなお》を九州へ派遣した。従う警部・巡査は六百余名。これを福岡、熊本、佐賀に分遣《ぶんけん》し、各々の治安維持をはかり、征討令が発せられるや巡査を京阪地方と九州各地に順次、派遣している。その数、九千五百名。

彼らは〝警視隊〟と称し、警備と戦闘に従軍し、のちに別働旅団に編入されることに。

政府が決戦への足並みを揃えはじめた頃、薩軍は本州を目指さず、予想外に熊本城攻略へ血眼《ちまなこ》になっていた。薩軍の将、桐野利秋（陸軍少将）は、かつて熊本鎮台の初代司令長官をつとめたことがあり、「なんのこれしき、戦勝の前祝いにしてやろう」と軽い気持ちで、城郭への突撃を敢行させた。

なにしろ昨年の神風連は、わずかな人数でこの城を占拠したではないか、とも思った。

ところが、神風連の乱に教訓を得た熊本城は、守将・谷干城《たにたてき》少将（土佐藩出身）の絶妙な指揮もあり、堅固に薩軍の攻撃を拒みつづけた。守兵三千三百余（うち将校の家族十九名、知事以下県官二十二名）。

おかげで政府軍は、その間に各地の鎮台より軍勢をかき集め、全戦線へ投入することができた。弾薬を惜しまず、物資、人海の戦術を思うさま展開した。結果、政府軍はいつしか薩軍の進撃を、一部特定地域に押さえ込み、戦局は田原坂《たばる》の攻防戦へとなだれ込んでゆく。

熊本城を陥せなかった薩軍は、南下する官軍を迎え撃つべく、田原坂の〝険〟に拠った。

兵力・物量に恵まれた官軍は、砲弾を間断なくそそぎ薩軍を圧迫したが、薩軍はときおり抜刀隊を繰り出しては白兵戦に打って出た。

もともと官軍の鎮台兵は、農民出身者が大半。必死の薩摩健児の斬り込みに恐れをなし、いたずらに喊声《かんせい》をあげるだけで、その実は戦場を逃げまどった。

激闘・田原坂と「警視庁抜刀隊」

対応に苦慮する征討参軍・山縣有朋に対して、この時、

「大刀のみをもって、敵塁に飛び込み、斬撃に次ぐ斬撃をもって、敵を粉砕すべし」

その志願を許可されたい、と申し出たのが大警部・川畑雅長《まさなが》、中警部・園田安賢《やすかた》、同・永倉常修の三人であった。

「われらは、士族なり」

一度は不可となったものの、薩摩の斬り込みは凄まじく、ついに山縣も「警視庁抜刀隊」の結成を許さざるを得なくなる。百人が精選され、田原坂へ。

さらに警察官の増援が各地に展開され、とくにかつての戊辰戦争で降伏せしめた東北の士族たちを巡査として募《つの》り、〝警視隊〟の強化を川路がはかった。

七千人近い巡査の編成部隊「新撰旅団」は、会津の士族を中心として編成され、やがて戦場へ到着する。彼らは〝戊辰〟の汚名を晴らすため生命《いのち》を懸けた。ちなみに旅団は西南戦争で新しく採用された軍団で、およそ二個連隊の規模を持ち、少将が旅団長に任じられた。

大久保にかわって西郷と差し違える覚悟の川路は、自ら別働第三旅団を率いた（のち別働第四旅団）。なかでも、百余名で編成された抜刀隊の奮戦には凄まじいものがあった。

従軍記者であった犬養毅《いぬかいつよし》（のち内閣総理大臣）は、

「もと会津藩の巡査が戊辰の復讐、戊辰の復讐と叫んで奮戦した」

と回想している。彼らの幕末以来の怨念が、難攻不落といわれた薩軍の堅塁を突きくずした。三月十七日、檜垣直枝少警視の隊に属していた、もと会津藩家老の大警部・佐川官兵衛が部下を率いて斬り込んだ。激闘六時間以上を戦い、佐川は三発の弾丸を浴びて戦死を遂げる。享年四十七。ともに死出の旅に出たもと会津藩士は、この日、十七名を数えた。

〽大久保、川路は鰯《いわし》か雑魚《ざこ》か　鯛（隊）に逐《お》われて遁《に》げて行く

大久保、川路の首さへ取れば　可愛い鎮台は殺しゃせぬ
大久保、川路を油で揚げて　薩摩西郷どんのお茶塩気

と、鹿児島城下で幼児たちが歌っている頃、田原坂では、

〽警視庁巡査と近衛兵がなけりゃ　花のお江戸へおどりこむ

との嘆き節が流れ、とうとうこの激戦は峠を越えた。

三月二十日には薩軍の総崩れとなり、他の地域においても続々と新手を繰り出す政府軍（総動員数五万一千八百）に対して、人員、銃弾、兵糧などに限りのある薩軍は、二万前後の猛兵を擁しながらも、ついに撤退を余儀なくされる。

もともと薩軍には、総帥と仰ぐ西郷隆盛への世間の威望という強味と、薩摩隼人が最強の軍団であるという神憑《かみがかり》的な信仰以外、具体的な戦略戦術がなかったに等しい。

加えて、すでにみた戊辰戦争後の論功行賞の差もあって、城下士と郷士の両者の間はかならずしもうまくはいっていなかった。劣勢となった薩軍では現存部隊八千余を二分し、一隊

は熊本に兵力を集中している政府軍の裏をかき、手薄になっていた日向（宮崎県）延岡から豊後、さらには小倉へ抜けるコースを進軍。他方の一隊は、鹿児島を固めることとなった。

同時期、九州中から薩軍支援に駆けつけた不平士族たちの軍勢は、

「戊辰の恨みおぼえたか〜ッ」

と、一様に叫んで飛びかかってくる「警視庁抜刀隊」――会津人や彰義隊くずれとの間に、相次ぐ突貫、玉砕を繰り返していた。

薩軍の郷士隊の中には、前途に見切りをつけて戦線を離脱する者が続出。一時、大分の中津まで薩軍の一部は進出したものの、二月十七日以後、京都に入っていた大久保は、やがて豊後方面での一戦で、野津少将率いる政府軍が大勝し、竹田の士族隊が降伏、薩軍が潰走した旨の報告を受けとった。

さらに五月二十六日、木戸孝允が「西郷、いいかげんにせんか」と最期の言葉を残して、この世を去っている。うつ病に慢性膵炎、消化器系のがんが疑われた。享年四十五。

猛反撃に転じた政府軍は、すべての薩軍前衛基地を踏みつぶし、四方から鹿児島を襲って、とうとう城山に薩軍三百七十余名を封殺した。九月二十四日、

「晋ドン、もうこの辺でよか」

最後の突撃を試みつつ、別府晋介に介錯されて、西郷隆盛は五十一年の生涯を閉じる。士族の叛乱は終息を告げた。警察官の殉職者は八百七十八名に及んだ。

この中で最高位は、かつて川路のライバルであり、一度は「東京警視庁」をやめた、大隊長権少警視の国分友諒《ともあき》であった。

余談ながら、国分はのちに十五代警視総監・貴族院議員となる安立綱之《あだちつなゆき》の実兄であり、安立は十三歳で上京して、しばらくは川路の家に厄介になっていた。警視庁へ入るのも、川路が世話を焼いたという（中村徳五郎著『川路大警視』）。

多くの尊い犠牲と、西郷の死によって、明治政府の中央集権は完成したといえよう。

だが、西郷隆盛を倒した張本人の大久保利通は、麴町三年町（現・千代田区霞が関三丁目）の自宅にありながら、とても勝者の様子ではなかった。大久保のショックは事実、あまりにも大きすぎた。己れの手で長年の盟友を屠り、あまつさえ、故郷の鹿児島県民を一万人以上も、戦野に屍《しかばね》を晒《さら》させる結果を招いたのであるから、無理もなかったろう。

数ヵ月後、大久保は神経の衰弱と闘いながら、修史館一等編修官をつとめていた重野安繹《やすつぐ》を呼び、「吉之助さァの墓誌を書いてほしい」と依頼している。

この頃からようやく大久保は、冷静な姿勢に立ち戻り始めた。彼はいう。

「今後、十年を一つの目処に地方制度を整備し、産業の振興につとめ――」

西南の役で軍事＝内乱の時代を終えた大久保は、次の平時の世に、新しい座標軸を敷く作業に取りかかった。最初の明治元年から十年までが創業の時期、ついで明治十一年から同二十年までが内治拡充。そして、明治二十一年から同三十年までの間を、守成の期間と規定した政策である。

「――おいは第二期までつとめさせてもらい、第三期は後進の人たちに譲り申す」

大久保はいつになく、表情を柔らげた。

大久保の最期と川路の進退伺

だが、彼の命運は目前に迫っていた。明治十一年（一八七八）五月十四日、運命の朝が来る。昨日と変わらない曇り空であった。大久保の起床も、昨日と変わらない午前五時――。

彼はこの日も判で押したように、午前八時、馬車に乗り込んでいる。座席に座って風呂敷をひらき、書類に目を通しはじめるが、紀尾井町一番地にさしかかったとき、待ち伏せしていた男たちに、いきなり馬車を止められるまで、大久保は己れの最期を悟り得なかった。

馭者台の下僕が一刀のもとに斬られ、異変にはじめて気づいた大久保は、自らドアをあけ、路上に降り立つ。が、その右腕をつかまれた。

「石川県士族島田一郎、奸魁《かんかい》利通を誅す」

それに応じて、「無礼者」と大久保の放った一喝が、最期の言葉となった。享年四十九。

彼は、前後に複数の刃をうけて絶命した。さぞかし無念であったろう。

けれども、大久保は暗殺されることで、もうひとつ別な歴史的役割を担ったのである。西郷隆盛という国民的英雄を殺した政府は、当然、全国的世論に攻撃される立場にたたされた。今は鎮圧されているが、先はわからない。ここで、政府を無傷に守る最善の方法は何であったろうか。西郷同様、政府側の主将が死ぬことではなかったか。大久保は暗殺されたことによって、政府にくり返されたであろうテロを、未然に食い止め得たといえよう。

最後まで歴史に生きたという点で、この人物は幸福な一生を送ったといえるかもしれない。

大久保利通の突然の死は、移りゆく時勢の必然であったともいえる。が、周囲の人々には、時ならぬ天変地異にも似た波紋の輪を広げた。

西南の役で多くの将星を失い、今また大久保を失った薩摩藩閥は命脈尽き、その政府内の首座を長州閥にとって代わられる仕儀となり、陸軍を藩閥一色に染めた長州系官僚は、ついで明治政府の牙城――内務省のトップに、伊藤博文を据えることに成功する。

大久保が絶命した翌日の五月十五日、伊藤は内務卿を拝命した。

彼にとって、大先輩の木戸の急死に続く、この度の事件——西郷隆盛という曠世の英雄と抱き合うように他界してくれた大久保は、終生忘れえぬ恩人となったことであろう。

一方、伊藤と並んで大久保に密着し、どうにか佐賀藩閥を政府に残してきた大隈重信は、伊藤に大きく溝をあけられる。さしもの豪放でなった大隈も、意気消沈の様子。彼は川路とも、互いの心情を語り合う友人の間柄であったのだが……。

明治政府にあって、大久保の死を悲しんだ者はほかにもいた。

非藩閥出身の官僚たちである。内務省大書記官・千阪《ちさか》高雅（石川県士族）をはじめ、権大書記の松平正直《まさなお》（福井県士族）や石井邦猷（大分県士族）など——彼らは大久保に見いだされ、股肱《ここう》の部下となることで思うさま、己れの能力、手腕を発揮することができた。

「よか、最後の責めはおいが受《う》くる」

大久保はいつもそういって、沈着な度量を示したが、ときおりニコッと笑うことがあった。

新進の官僚たちは、その笑顔に救われて今日までやってきたのだが、いくら悲しんでみても、大久保利通という一代の大政治家は、もはや再び内務省の玄関に姿を現すことはない。

「こんな馬鹿なことがあるか——」

やるせぬ憤りは、警備を担当していたはずの、〝大警視〟川路利良を指弾する方向へむけられた。事前に遭難へ備えなかった、というのがその理由である。

色をなして詰め寄る彼らに、川路は返す言葉もなく、眉に深い皺《しわ》を寄せ、苦しげな吐息を洩らし、終始、俯《うつむ》いたままであったという。彼はある意味、大久保以上に西南戦争に心身を擦りへらしており、このころ神経の衰弱に悩まされていた。

川路こそ、大久保の恩恵を最大に被《こうむ》った一人に他ならず、政局の枢機にあったという点では、支持しつづけてくれた上司であり、内務卿を失った衝撃の大きさは余人の比ではなかったろう。自らを責めたことは、痛ましいかぎりであった。

余談ながら、川路の生家は西南戦争の最中、狂気の群衆によって打ち毀《こわ》されていた。のみならず、親族の者が六、七名も暴殺され、首を晒《さら》されている。彼らに何の咎《とが》（あやまち）があったのだろうか。あったとすれば一点、川路利良の親族であったということだけであった。当然のごとく、川路はひとり慟哭《どうこく》した。そんな悲惨な事件もあったのである。

茫然自失しつつ川路は、五月十七日、麴町三年町の大久保邸から出た、敬愛する上司の棺に随行。内幸町から虎の門を経て琴平町、宮前通り、榎坂、赤坂田町とつづく青山の墓地までの道中を、瞬きもせぬようにして、棺を見つめつづけた。

川路は大久保を守り得なかった自分を恥じ、ろくに眠ってもいない体をひきずって翌五月十八日、内務省に出仕すると、新しい上司となった伊藤に進退伺を提出した。

同月二十二日、「伺の趣《おもむき》、其の儀に及ばず」と太政官は川路の辞意を却下した。

それでも最上の上司を失った川路は、今度こそ〝大警視〟の職を辞すのではないか、と政府の人々は心配した。もし、この人物に去られたならば、いったい誰がその代役をこなすことができるというのか。いかにして留意させるか、新しい上司になった伊藤も苦慮したようだが、ついに川路は再度の辞表を提出しなかった。

制度改革と川路の憔悴《しょうすい》

かつて川路は西郷隆盛、江藤新平の二人が太政官を去ったおり、およそ次のような感懐《かんかい》を周囲に漏らしていた。

「私情においてはまこと、忍びがたいものがあり申す。じゃっどん、国家行政の活動は一日も休むわけには参りもはん。大義のために私情を投げうち、あくまで警察育成のため、おいは献身する所存でごわす」

この度も川路は、同様の思いであった。志半ばで倒れた江籐新平、木戸孝允、西郷隆盛、そして大久保利通らのためにも、自分がなさねばならないことは、日本の警察機構を確固たるものにすること以外にはない、と川路は思い定めていた。

では、彼の目指した警察とは、どのようなものであったろうか。

蓋士《けだし》を採るの法固《もと》より斯《か》くの如くならざる可からず。志操堅実ならざれば、他の危険に赴《おもむ》き、救援の術を施す能《あた》はず。品行修潔ならざれば、自己の志誠を致す能《あた》はず。此時に当り警視庁巡査六千人、蓋《ことごと》く渾厚篤実、能く上意を奉じ、一心同体となりて、府下(東京)を警保し、維新兵乱の余弊《よへい》未《いま》だ熄《や》まずと雖《いえど》も、輦下《れんか》をして一塵《いちじん》を揚げしめず、市民をして枕を高うするを得せしむ。(『大警視川路利良君傳』)

おそらく、こうしたものではなかったろうか。

明治十年一月十五日の制度改革に応じて、村田氏寿が警保局長の職を辞し、後任の警保局——正しくは、警保局を吸収合併した「警視局」の長に川路利良が就任した。

一度は「警視長」となっていた川路は、ここへ来て再び「大警視」の肩書きに戻った。寮が廃され、その下位にあった局に統一されたこともすでにみた通りである。

各省の官僚はそれまで、大輔―少輔―大丞―小丞―正権大録―中録―小録―大属―中属―少属―筆生―史生―省掌とあったものが、大丞以下が廃止となり、正権大少書記官、一等乃《ない》至《し》十等属、等外と改められた。

川路の「警視局」は、育成してきた全国地方の警察を監視、監督することとなり、権限の拡大にともない、帝都守護の役割を担うべく「東京警視本署」が新たに設置された。警視局の「大警視」として川路が成した最大の功績は、先にみた西南戦争における勇猛果敢な新規の巡査を募集し、訓練して、すみやかに戦地へ送り出した手腕であったろう。

西南戦争がくり広げられるなか、川路は二月二十五日に京都への出張命令が下り、中警視の安藤則命《のりなが》が川路の不在中、大警視代理を命ぜられた。

九州派遣、京阪地域の警備などの陣頭指揮をとっていた川路は、三月十九日に九州へ下った。警視隊を率いた川路の別働第四（第三）旅団は、まさしく幕末の禁門の変、彰義隊戦争、奥州戦線を彷彿させる、激烈な戦闘を展開した。

思うに川路は、本気で西郷と差し違えて死ぬつもりでいたのであろう。

四月十五日、川路は熊本城との連絡に成功、さらに強行軍をもって鹿児島の地に入った。が、ここで地元感情を慮《おもんぱか》って、陸軍少将・大山巌に説得された川路は東京へ戻っている。

ついでながら、西南戦争の終結は九月二十四日、〝警視隊〟は陸続と東京へ凱旋し、十月二十日をもって別働旅団は解散した。論功行賞によって、川路は勲二等旭日重光賞を賜わっている（十月九日）。川路はこの栄誉を受けた。警察官を代表して――。

しかし、在野の目は相当、川路に厳しかったようだ。のみならず政府内にあっても内心、西郷を死に至らしめた川路の活躍を、非難する者はかなりの数に上っていた。ストレートに彼を非難できない者たちは、大久保の死を盾《たて》にとって、公然と川路を指弾《しだん》する。

まさに、針の筵であった。が、川路は神経の衰弱に悩みながら、これに耐えた。

単に忍耐するのみならず、明治天皇の北陸巡幸に先立っては、竹橋騒動ですばやい対応をみせ、波及すれば大事となっていたであろう事態を見事、鎮静化している。この騒動は、西南戦争に従軍した近衛兵が論功行賞の不平から、一部が叛乱に打って出ようとしたものであったが、川路は「東京警視本署」の総力をあげて、これを未然にふせいでみせた。

天皇の巡幸は予定通りにおこなわれ、川路もこの供に加わり、訪れた各地で漢詩をものしている。ほんの束の間の、休息といえるかどうか。

こうした状況の中で、川路は伊藤博文の命で二度目の洋行に出発する。

明治十一年十二月二十八日のことである。

二度目の欧州出張と〝大警視〟の死

この二度目の欧州行きは、心身ともに疲労しきっていた川路の希望でもあった。「洋行企望《ママ》趣意書」（草稿）に拠れば、川路は先の欧州視察で見落としたところがあるとし、それらを今度は「綿密に極」めたい、と述べていた。併せて、将来を担う警察官僚の育成をも視野に入れている。なにしろ随員を七名（実際は八名）も引きつれて、しかも期間は二ヵ年＝往復を除くと滞在一年半の計算となる長旅であった。

首席随員の少警視兼太政官書記官・佐和《さわ》正《ただし》の旅行記録『航西日乗』には次のようにある。

明治十二年一月九日、徴《め》されて太政官に赴き、川路大警視欧州へ差遣せらるに随行す可きの命を拝す。次後同じく命を奉ずる者、一等警視補・小野田元熙《もとひろ》（館林藩出身）、林誠一（長州藩出身）、田中耕造（明治二年に大学得業生となる）、二等警視補・大山綱昌（薩摩藩出身）、内務省御用係・駒留良蔵、藤井三郎の六名とす（ほかに従者として川路の甥・五代与七——金次郎、のちに川路家を継ぎ川路利恭《としあつ》と改名——も加わっている）。

七人は各々でテーマを持ち、佐和は高等警察事務一般、小野田は監獄及び消防制度、その他の警察費について。林は司法警察制度、田中は翻訳専務、大山は憲兵と巡査の関係、駒留と藤井は通訳としての参加であった。言いかえればこれらが、川路のいう前回にもれたもののことであった。日本の警察は、わずか六年ほどでその機構の細部を考え、質すべき課題を持つまでに到達していた証左であったろう。

二月十日、芝離宮において大警視別宴が開催された。かつて川路は仰ぎみることも許されなかった東征軍の総大将・有栖川宮熾仁親王《たるひとしんのう》をはじめ、三条・岩倉の両大臣、伊藤・大隈に政府への復帰をとげた井上馨の三参議が参列。同月十二日、一行は新橋ステーションへ。

前回の川路の洋行時は、人力車ということもあり、見送る人もほとんどなかったのが、今度は「東京警視本署」の局員、巡査が多数取り囲む中を、川路たちは横浜へ向かい、フランスの郵船「チーブル」に乗船して、香港―サイゴン―シンガポールなどを経由し、マルセーユへ到達した（三月二十七日）。

すぐさま、警察関係の視察に精を出しはじめた川路ではあったが、すでに健康を害していたようだ。否、その兆候は出発前にすでにあった。明治十一年十一月十三日付の伊藤博文へ宛てた手紙の中で、川路は熱海へ三週間出かけることを申し伝えている。

これほど責任感の強い人物が、単なる休暇とは考えにくい。湯治に三週間をかけたとすれば、その心身はすでに今風でいう過労死の一歩手前まで来ていたのではあるまいか。

川路は体調の悪さを随員たちに気づかれないよう、相当に無理をかさねたようだ。

四月三日、朝にパリへついたものの、この日の夜、ついに川路は寝込んでしまった。

(もう一度、巴里ば見んければ死ねぬ)

そうした思いがあったのかもしれない。

フランスのパリは川路にとっても、日本の警察にとっても、特別な意味をもっていた。

川路は以来、ベッドから起きあがることができなくなり、質《たち》のよくない咳をしては、痰にときおり血をまじらせた。パリの名医が治療におとずれたが、川路の病状は好転しなかった。

それでもベッドにあって、川路は随員にハッパをかけている。

「おいのこつはよか、それより視察じゃ。調査に専念してたもんせ」

一度、元気を取り戻したかにみえた期間が、わずかながらあった。が、南方へ転地療養をおこなったものの、病状は再び悪化。八月七日には、帰朝することが決定した。

同月二十四日、マルセーユを出航した川路には、大山綱昌、駒留良蔵、五代与七がつきそった。故国日本の土を踏んだのは、十月八日のこと。依然、危篤状態はつづき、帰朝六日目の十月十三日、川路は永遠の眠りについた。四十六歳であった。

十月十六日、川路の葬儀は神式で行われ、青山墓地に葬られた。宮中からは勅使の富小《とみのこう》路敬直《じひろなお》が臨席し、幣帛《へいはく》として紅白絹二疋と祭粢《さいし》料金二千円を贈っている。

川路は大久保同様、清廉潔白の人で、およそ財産と呼べる貯蓄は皆無であった。

半生をわが国警察機構の構築・完成に懸けた一代の〝屈強漢《ボッケモン》〟は、その途上で斃《たお》れた。

さぞ無念であったろう。川路の病気は肺結核だ、という人がある。毒殺されたのだ、とまことしやかに述べる人もいた。

ただ、きわめて明白なことは、川路の死後、この人物ほどに警察を愛し、その機構整備に執着し、寝食を忘れて情熱をかたむけた、維新生き残りの傑物は二度と現れなかった。

川路が日本の警察機構に携わったのは、その生涯のなかでわずかに八年にしかすぎなかったというのに――。

何より、彼の後任がおいそれとは見つからなかった。

一応、陸軍中将兼参謀本部次長、陸軍士官学校の校長を兼帯していた大山巌が、内務次官に相当する内務大輔と「大警視」を兼任することになった。

が、大山の任期はわずかに四ヵ月ほどで、明治十三年二月には「大警視」は不在となり、中警視に昇進したかつての大久保利通の部下、石井邦猷《くにみち》（豊後日出《ひじ》藩出身）が代理をつとめ、ようやく同年十月になって樺山資紀《かばやますけのり》（薩摩藩出身）が後任に定まった。

日本の警察機構は、今もなお〝大警視〟は、ひとり川路利良に与えられた肩書きと理解納得している。

もしかすると、彼の描いた理想の途上に、今なお日本の警察はあるのかもしれない。

（了）

加来耕三　Kaku Kouzo

大阪市生まれ。歴史家、作家。奈良大学卒業後、同大学文学部研究員を経て、現在は著作活動のほか、テレビ・ラジオ番組への出演や、番組の時代考証、企画・監修に携わる。著書に『立花宗茂　戦国「最強」の武将』（中公新書ラクレ）、『戦国武将と戦国姫の失敗学』、『歴史の失敗学』（ともに日経BP）、『紙幣の日本史』（KADOKAWA）、『刀の日本史』（講談社現代新書）、『教養としての歴史学入門』（ビジネス社）、『徳川家康の勉強法』（プレジデント社）など多数。

中公新書ラクレ 807

川路利良《かわじとしよし》
日本警察《にほんけいさつ》をつくった明治《めいじ》の巨人《きょじん》

2024年1月10日発行

著者……加来耕三《かくこうぞう》

発行者……安部順一
発行所……中央公論新社
〒100-8152 東京都千代田区大手町 1-7-1
電話……販売 03-5299-1730　編集 03-5299-1870
URL https://www.chuko.co.jp/

本文印刷…三晃印刷　カバー印刷…大熊整美堂　製本…小泉製本

Published by CHUOKORON-SHINSHA, INC.
Printed in Japan ISBN978-4-12-150807-2 C1221